中国有色金属工业协会专家委员会组织编写

有色金属系列丛书

中国镁业

北 京
冶金工业出版社
2013

内 容 简 介

本书由中国有色金属工业协会组织编写。全书共十篇，以镁的新技术、新装备、新成果和新应用的发展为主线，介绍了镁的资源、冶炼、加工、连接（焊接）、表面处理、回收、安全与防护等有关技术及应用的最新进展，包括"十五"、"十一五"、"863"计划、"973"计划项目的应用成果和镁合金功能材料一些最新的制备及加工技术、应用，同时还介绍了相关产业政策、发展规划与法规，以及中国镁工业近10多年来的经济运行情况。

本书可供从事镁合金生产、研究、开发和应用的工程技术人员、科研人员、管理人员及相关从业人员阅读，也可供高校有关专业本科生、研究生及教师参考。

图书在版编目（CIP）数据

中国镁业/中国有色金属工业协会主编．—北京：冶金工业出版社，2013.10

（有色金属系列丛书）

ISBN 978-7-5024-6381-6

Ⅰ.①中…　Ⅱ.①中…　Ⅲ.①镁—有色金属冶金—冶金工业—中国　Ⅳ.①F426.32

中国版本图书馆CIP数据核字（2013）第241665号

出版人　谭学余

地　　址　北京北河沿大街嵩祝院北巷39号，邮编100009

电　　话　(010)64027926　电子信箱　yjcbs@cnmip.com.cn

责任编辑　李　臻　美术编辑　彭子赫　版式设计　孙跃红

责任校对　李　娜　责任印制　李玉山

ISBN 978-7-5024-6381-6

冶金工业出版社出版发行；各地新华书店经销；三河市双峰印刷装订有限公司印刷

2013年10月第1版，2013年10月第1次印刷

148mm×210mm；8.25印张；163千字；242页

32.00元

冶金工业出版社投稿电话：(010)64027932　投稿信箱：tougao@cnmip.com.cn

冶金工业出版社发行部　电话：(010)64044283　传真：(010)64027893

冶金书店　地址：北京东四西大街46号(100010)　电话：(010)65289081(兼传真)

（本书如有印装质量问题，本社发行部负责退换）

《有色金属系列丛书》
编辑委员会

《中国镁业》编辑委员会

序

为适应有色金属工业发展的需要，普及和提高有色金属知识，提升全国有色金属战线广大干部职工的思想业务素质，促进我国从有色金属生产大国向有色金属工业强国的转变，中国有色金属工业协会组织编写了《中国铜业》等《有色金属系列丛书》（共 21 本）。《丛书》集中了全行业的智慧和力量，汇集了当今中国乃至世界有色金属领域的最新知识和信息，深入浅出，通俗易懂，融知识性、实用性为一体，是社会各界学习和提高有色金属知识的好教材和实用工具书。

有色金属是经济社会发展必不可少的基础材料和重要战略物资。有色金属作为功能材料和结构材料而广泛应用于人类生活的各个领域，成为当今高新技术发展和国防军工的重要支撑。有色金属的生产和消费水平已经成为衡量一个国家社会进步的重要标志。

中国是生产有色金属品种最全的国家，门捷列夫化学元素周期表中的64种元素的有色金属都能生产。中国是世界生产和消费有色金属最多的国家，到2011年十种有色金属产量已达3438万吨(快报数)，连续10年位居世界第一，年消费有色金属已达3580万吨以上，连续9年位居世界第一。目前全国已有有色金属企业、事业单位3万多家，就业人员360多万。

有色金属涵盖的金属品种多。在元素周期表中，除了黑色金属铁、锰、铬，锕系和超锕系放射性金属元素外，余下64种都为有色金属元素。有色金属成矿条件复杂，矿床类型多样，矿体形态变化大，元素组合多样，勘探难度大，而且需要综合勘探、综合评价。有色金属结构复杂，多种矿物相嵌共伴生关系密切，选矿和冶炼的技术、装备复杂，工艺流程长。有色金属应用领域广，用途千差万别，材料的研制和加工复杂。有色金属元素在原矿中含量低，富集比都在几十、几百、几千甚至几万以上，导致在采矿、选矿和冶炼过程中固体废物多，节能环保压力大，工艺技术复杂。综合上述不难看出，有色金属产业是固体矿产资源开发利用领域最复杂的产业，有色金属知识领域宽广、博大精深。

建设现代化的有色金属工业强国是全行业360多万职工为之奋斗的目标。我相信，《丛书》的出版发行，对增进全社会对有色金属工业的了解，推动全行业广大干部职工学习和掌握有色金属知识必将发挥积极重要的作用。让我们行动起来，为促进我国有色金属工业的持续、稳定发展，为实现有色金属工业发展的既定目标而奋勇前进。

中国有色金属工业协会会长 陈全训

2012年8月于北京

前　言

镁是英国化学家戴维在1808年从氧化镁中分离出来的，而铝是在1825年被英国化学家戴维制得的。虽然镁和铝是同时代被制得的，但近200年来铝的发展速度远远超过了镁。2011年我国铝的产量为1806万吨，铝材产量为2346万吨，其应用已深入到人们生活的各个领域；而镁2011年产量为66万吨，消费量27.68万吨，与铝相差甚远。但同时也要看到，氧化铝部分依靠进口，而镁资源取之不尽、用之不竭。镁合金作为结构材料，不仅比铝轻1/3，还具有高比强、高比模、高阻尼、减振性好、电磁屏蔽好以及优异的铸造与切削加工性能和易于回收等优点，在汽车、电子、航空航天、国防军工等领域具有重要的应用价值和广阔的应用前景，被誉为“21世纪绿色工程材料”。20世纪80年代以来，出于对环境和能源问题的考虑，工业发达国家相继制定了各自的镁研究计划，并投入了巨额资金。

2000年7月6日，师昌绪、李依依、王淀佐、左铁镛、李恒德五位院士高瞻远瞩地向国家科技部提出“关于加速发展我国金属镁工业的战略意义和建议”后，国家科技部自2001年开始制定了《“十五”镁合金开发应用及产业化》重大项目，2006年制定了《“十一五”镁及镁合金关键技术开发与应用》科技支撑计划项目。国家自然科学基金委、“973”计划、“863”计划中也都有关于镁的研发项目。

正是由于五位院士的建议，适时地点燃了中国镁业科技进步的引擎，为科技工作者指引了方向，为未来中国镁业科技发展跻身世界前列奠定了基础。借本书出版之际，我们向老一辈材料科学家对镁工业的倡导与支持深表敬佩并致以诚挚的感谢。

为了使广大从事镁及镁合金冶炼、加工、应用工作的企业的相关人员，以及包括研究院所、大学、检测部门、咨询服务机构和市场贸易机构等行业在内的相关人员能够方便地查阅镁合金的有关技术和信息，在中国有色金属工业协会组织领导下，镁业分会于2011年7月开始组织编写《中国镁业》一书。

借出版之机，对参与本书编写并提供资料的专家和相关企业致以诚挚的谢意。

由于镁合金材料以及中国镁工业仍处在发展中，一些基础理论和技术远不如铝合金成熟，所以本书的局限性和疏漏之处在所难免，真诚希望同行专家、读者给予批评指正并提出宝贵意见。

编　者

2013年8月

目　　录

第一篇

概　论

第一章　镁的发现和镁业发展

第一节　镁的发现和世界镁业的发展

1774 年金属镁首次被人类发现，并以希腊古城 Magnesia 命名，元素符号为 Mg，属元素周期表中ⅡA 族碱土金属元素，相对原子质量为 24.305。纯镁的密度为 1.738g/cm^3，是轻金属的一种。

1808 年镁被确认有使用价值，到现在已经有 200 多年的历史。

第一次世界大战前，美国一些大型企业纷纷采用熔融电解氯化镁工艺制镁。

第二次世界大战期间，意大利发明了在真空高温炉内用硅铁还原白云石来生产镁的工艺。加拿大 Pidgeon 博士发明了在外热式真空蒸馏罐内用硅铁还原白云石制镁的新工艺。

第二次世界大战后，1947 年法国着手研究了连续生产的硅热法炼镁工艺，1969 年建成年产 4500t 镁的半连续硅热法镁厂。

20 世纪 50 年代以前，镁的发展依附于军事工业，60 年代以后，镁在民用和空间技术的应用得到发展。近 10 年来，镁在交通、电子及通信等领域得到广泛应用，世界镁的消费量在迅速增长。

全球（除中国外）曾有 12 个国家拥有镁厂，共 24 家，包括美国（4 个厂）、加拿大（5 个厂）、挪威、意大利、法国、前苏联（6 个厂）、前南斯拉夫、日本（2 个厂）、印度、巴西、朝鲜、以色列。

20 世纪 90 年代初，西方国家镁的需求量约为 25 万吨，其中美国占一半。随后的 10 年间，镁需求达到 35 万吨以上，世界上镁的生产厂发生很大变化。美国最大的镁冶炼厂因 1998 年两次遭受自然灾害，退出镁冶炼。挪威、法国等西方一些大型镁冶炼厂在中国低价镁且数量逐年增多的冲击下，相继关闭。据 2008 年 12 月 27 日统计，除中国外，当时世界上仅剩 5 个国家（美国、俄罗斯、哈萨克斯坦、巴西、以色列）5 个厂，其余 7 个国家的 19 个厂均因各种原因关停。

第二节 新中国金属镁从无到有

1954 年，国家批准引进苏联菱镁矿氯化电解法炼镁技术，在抚顺铝厂建设年产 3000t 电解镁项目，被列为国家“一五”期间 156 项工程之一。1957 年底电解镁项目投产，炼出了新中国第一块金属镁锭，抚顺铝厂成为中国第一家用电解法生产镁的工厂，翻开了新中国镁冶炼工业的新篇章。

东北轻合金有限责任公司（原101厂）是国家“一五”期间156项重点工程项目之一，于1956年11月正式开工生产。主要产品为铝、镁及其合金板、带、箔、管、棒、型、线、粉材、锻件等。后来，东北轻合金有限责任公司将镁板、带、箔产品生产转给洛阳铜加工集团镁板带厂，1965年投产。洛阳铜加工集团镁板带厂成为中国第一家镁板带生产厂。

中国镁冶炼发展从1957年至2011年经历了54个年头，前30年（1957～1987年）为缓慢发展期，需求靠进口。抚顺铝厂自1957年投产以来，其产量一直在3000t左右徘徊，发展缓慢，满足不了国民经济发展对镁的需求，长期依赖进口，30年累计进口镁7万多吨。

从1987年起，皮江法炼镁在经过多年的研究及吸取国外相关技术经验的基础上，开始小规模（150～600t/a）工业化生产。由于皮江法炼镁与电解法相比，具有工艺简单，投资少，设计及生产规模灵活，所需原料白云石及煤炭资源丰富且分布较广等特点，给地方小镁厂的发展带来了机遇。

20世纪90年代初，在国外市场需求拉动下，镁价不断上升，国际镁价高达4350～4450美元/t，国内镁价高达4万元/t，于是全国各地掀起了使用皮江法炼镁的浪潮。据统计，1995年底，全国已有大、中、小型镁厂500余家。

后24年（1988～2011年），中国镁冶炼生产技术逐渐成熟，产量与出口量不断增加。2011 年中国原镁产量达 66.06 万吨，与 1988 年的产量 3052t 相比，增长了 215 倍，见图 1-1。

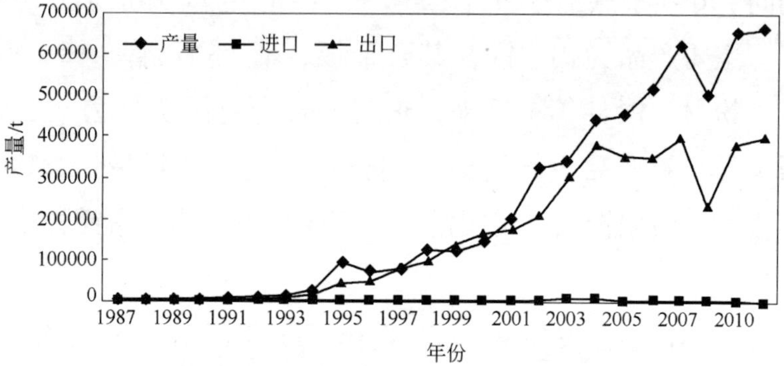

图 1-1　1988～2011 年中国镁产量及进出口量

1988～1997 年的 10 年间，皮江法炼镁研究成果得到推广应用，地方中小镁厂飞速发展，技术逐渐成熟，建成了一批具有一定规模和装备水平的镁厂，产量猛增，不仅扭转了进口镁的局面，而且自 1992 年起实现了由进口转向出口的根本性转变，见图 1-2。

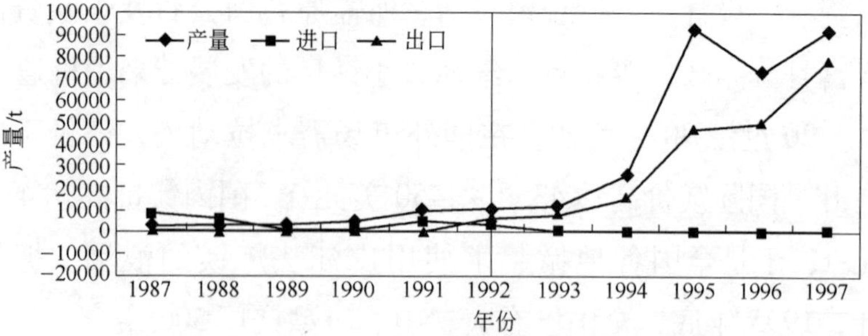

图 1-2　1988～1997 年中国镁产量及进出口量

受国际镁价急剧下调（4400 美元/t 降到 2500 美元/t）的影响，国内镁价也由每吨 4 万多元降到 1.8 万元，有 2/3 的皮江法炼镁厂停产关闭。

电解法与皮江法相比，因生产成本高，无力竞争，光华化学公司镁厂于 1996 年 7 月转产，抚铝镁厂于 1998 年 8 月停产，民和镁厂于 2003 年 3 月停产。

近 10 多年（1998 ~ 2011 年）是中国镁业快速发展期。内容详见第十篇“中国镁工业经济运行情况”。

第二章　镁及镁合金的性能

第一节　纯镁的性能

一、纯镁的力学性能

室温下镁的拉伸性能和压缩性能见表 1-1。

表 1-1　室温下（20℃）镁的典型力学性能

试样规格	σ_b/MPa	$\sigma_{0.2}$/MPa	$\sigma_{0.2}$(压缩)/MPa	δ/%	硬度	
					HER	HB①
砂型铸件 ϕ13mm	90	21	21	2 ~ 6	16	30
挤压件 ϕ13mm	165 ~ 205	69 ~ 105	34 ~ 55	5 ~ 8	26	35
冷轧薄板	180 ~ 220	115 ~ 140	105 ~ 115	2 ~ 10	48 ~ 54	45 ~ 47
退火薄板	160 ~ 195	90 ~ 105	69 ~ 83	3 ~ 15	37 ~ 39	40 ~ 41

①载荷 500kg，球面直径 10mm。

二、镁的工艺性能

镁为密排六方晶体，室温变形时，只有单一的滑移系{0001}〈1120〉，镁的塑性比铝低，各向异性也比铝显著。随着温度的升高，镁的滑移系会增多，在225℃以上发生(1011)面上[1120]方向的滑移，从而塑性显著提高。因此，镁合金可以在300~500℃温度范围内通过挤压、轧制和锻造成型，还可通过铸造成型，且镁合金的压铸工艺性能比大多数铝合金好。此外，镁容易被空气氧化生成热脆性较大的氧化膜，焊接时该氧化膜极易形成夹渣，严重阻碍焊缝的成型，因此，镁合金的焊接工艺比铝合金复杂。

第二节 镁合金的分类

镁合金分类如下：

- 镁合金
  - 铸造镁合金
    - 砂型铸件
    - 金属型铸件
    - 蜡模铸件
    - 压铸件
  - 变形镁合金
    - 板
    - 棒
    - 线
    - 型
    - 管等

由于镁合金的类型及用途不同，其牌号也不同。

第三节　镁合金的特性

一、减重

在现有工程用金属中，镁合金的密度最小，通常在1.75～1.90g/cm^{3}范围内，约为铝的64%，钢的23%。虽然镁合金的强度、弹性模量比铝合金、合金钢低，但其比强度明显高于铝合金和钢，比刚度则与铝合金和钢大致相同。与铝合金具有相同刚度的镁合金，其质量约减轻25%。工程塑料尤其是纤维增强塑料的比强度很高，但其弹性模量很小，比刚度远小于镁合金，且工程塑料难以回收利用。因此，用镁合金制造刚性要求高的结构材料零件比工程塑料更适宜。

镁与几种常用材料的比强度和比刚度性能比较，如表1-2所示。

表1-2　几种材料的比强度和比刚度性能对比

材　料	ρ/g·cm^{-3}	E/GPa	E/ρ	σ/MPa	σ/ρ	减震系数/%
镁合金	1.74～1.90	45	24～26	180～300	118～172	30～60
铝合金	2.70	70	25.9	200～350	73～128	2～5
铸　铁	7.15	180	24.3	200～400	27～54	10～17
工程塑料	1.13～2.0	15～25	10～12.5	100～250	50～167	—

注：重庆博奥提供。

二、吸收能量比铝大一半

镁合金在受较大的外力作用时，易产生较大的变形，使受力构件的应力分布更为均匀，在一定场合下有利于避免过高的应力集中，在弹性范围内，当受冲击载荷时，能吸收的能量比铝大一半。

三、减振性

镁合金具有很高的振动阻尼容量，即减振性好。

四、优良的切削加工性

镁合金的切削速度可大于其他金属，如切削镁合金所需功率为1，则铝合金为1.8，铸铁为3.5，软钢为6.3。

五、散热快、抗电磁干扰能力强

镁合金具有散热快、抗电磁干扰能力强以及吸振性能好等特性，使得它在计算机、电子、通信等领域也得到了越来越广泛的应用。

六、在铸造工艺上镁合金具有较大的适应性

根据合金的特性和零件的要求适应所有的特种铸造工艺，铸造出外形和内腔形状极复杂的铸件。

七、耐蚀性差

耐蚀性差曾是镁合金扩大应用的一大障碍。由于镁在潮

湿空气、水（尤其是海水）中的化学性是不稳定的，与大多数无机酸相互作用剧烈。镁的氧化膜与铝比，是不致密的，不能保护内部金属不再继续受腐蚀。但是，随着表面处理技术的发展以及高纯镁合金的出现，这一障碍被很好地克服。现有的高纯压铸镁合金在盐雾试验中的耐蚀性已超过压铸铝合金 A380，比低碳钢要好得多。

八、可 100% 回收再利用

此外，镁合金制品并非人们想象的那样容易燃烧，将装潢好的汽车座椅镁合金框架用煤气燃烧，座椅中的塑料和填充物很快被烧毁，而镁合金框架过了 26min 才开始燃烧，且其燃烧并不猛烈，用水浇泼即可熄灭。

第二篇

镁资源的分布及采选

第一章　地壳中镁的分布及含镁主要矿物

镁是自然界中分布最广的元素之一，约占地壳质量的2.35%，居第8位；按金属结构材料排序，列在第3位。世界上镁盐资源极其丰富，其液体矿有海水、地下卤水、盐湖卤水；固体矿有菱镁矿、白云石矿、蛇纹石矿、滑石、水镁石及少量其他沉积矿等。镁的化学活性很高，在自然界中只能以化合物形式存在，含镁的化合物种类繁多，见表2-1。

表2-1　地壳中分布最广的化学元素含量

元　素	O	Si	Al	Fe	Ca	Na	K	Mg
含量(质量分数)/%	49.13	26.00	7.45	4.20	3.25	2.40	2.35	2.35

在盐湖资源中，液体矿产资源居于十分重要的地位，世界上已大规模开发的盐湖几乎全是利用其卤水，盐湖固体矿的开发则很少，这是因为卤水（包括海水和盐湖卤水）是一种再生资源，而菱镁矿、白云石矿是不可再生资源。在海水中的镁含量高达10^{14}t级，即每立方米海水中约含有1.5kg镁，因而海水为人们提供了取之不尽的镁资源。各种含镁的主要矿物的分布情况如表2-2所示。

表 2-2 各种含镁的主要矿物的分布情况

类别	矿物名称	分子式	含镁量(质量分数)/%	主要分布国家
碳酸镁	菱镁矿	$MgCO_3$	28.8	中国、印度、美国、奥地利、巴西
	白云石	$MgCO_3 \cdot CaCO_3$	13.2	中国、前苏联、美国、日本
硅酸镁	蛇纹石	$3MgO \cdot 2SiO_2 \cdot 2H_2O$	26.3	前苏联、加拿大
	橄榄石	$(MgFe)_2 \cdot SiO_4$	34.6	意大利、挪威
	滑　石	$3MgO \cdot 4SiO_2 \cdot 2H_2O$	19.2	美国、西班牙
硫酸盐	硫酸镁石	$MgSO_4 \cdot H_2O$	17.6	
	钾镁矾石	$MgSO_4 \cdot KCl \cdot 6H_2O$	9.8	前苏联、中国、美国
	杂卤石	$MgSO_4 \cdot K_2SO_4 \cdot 2CaSO_4 \cdot 2H_2O$	4.0	德国
	无水钾镁矾	$2MgSO_4 \cdot K_2SO_4$	11.7	
	白钠镁矿	$MgSO_4 \cdot Na_2SO_4 \cdot 4H_2O$	7.0	中国
氯　盐	水氯镁石	$MgCl_2 \cdot 6H_2O$	12.0	中国、前苏联、美国
	光卤石	$MgCl_2 \cdot KCl \cdot 6H_2O$	8.8	西班牙
	卤　水	$NaCl \cdot KCl \cdot MgCl_2$	可变	
其　他	方镁石	MgO	60	
	水镁石	$Mg(OH)_2$	41.6	
	尖晶石	$MgO \cdot Al_2O_3$	17	

据有关资料介绍，截至1993年底，全世界已探明的菱镁矿储量126×10^{8}t，主要储存于以下十几个国家和地区，见表2-3。

表2-3 菱镁矿主要分布国家和地区

国家和地区	储量/t	国家和地区	储量/t
中　国	31.45×10^{8}	奥地利	0.75×10^{8}
朝　鲜	30.00×10^{8}	美　国	0.66×10^{8}
独联体	$>22.00\times10^{8}$	加拿大	$(0.60\sim1.00)\times10^{8}$
新西兰	6.00×10^{8}	巴　西	0.40×10^{8}
捷　克	5.00×10^{8}	希　腊	0.30×10^{8}
印　度	1.00×10^{8}	澳大利亚	$>0.10\times10^{8}$

第二章　中国镁矿的分布与采选

第一节　中国白云石矿储量分布

中国白云石的储量极为丰富，遍布全国各地。20世纪80年代初步探明的储量即达40余亿吨。据有关单位调研的勘查结果，中国白云石储量分布见表2-4。

表2-4 中国部分地区白云石储量分布

矿石名	省市名	矿　点	工业储量/万吨	资源储量/万吨
白云石	辽宁省	10	84911.9	128604
	山西省	3	55848.0	
	江苏省	5	7225.0	

续表2-4

矿石名	省市名	矿　点	工业储量/万吨	资源储量/万吨
白云石	四川省	19		40000.0
	山东省	2	813.3	
	河北省	12	4467.9	36702.0
	北京市	10	5274.5	
	河南省	23	82385.34	215676.14
合　计		84	240925.94	420982.14

注：1. 资料由韩薇教授提供。

2. 据调查，一些大矿点，如山西稷王山、五台山、宁夏青龙山、太行山等均未在所在省区国土资源报告中列出。

20世纪80年代末及90年代以来，中国以白云石为原料的皮江法炼镁得到快速发展，根据矿石反应性能试验，矿石质量及其结构性能对炼镁技术经济指标有直接影响。结合生产实践，目前被普遍接受的白云石的化学成分为：$w(MgO) \geq 20\%$，$w(CaO) \geq 30\%$，$n(CaO)/n(MgO) = 1 \sim 1.03$、$w(Al_2O_3) + w(Fe_2O_3) < 1\%$、$w(SiO_2) < 1\%$、$w(Na_2O) + w(K_2O) < 0.1\%$；物理性能：要求煅烧后白云石要有一定的热强度和有较高的反应活性。

第二节　中国菱镁矿资源

中国菱镁矿资源总量31.45亿吨，集中分布在辽宁、山东、河北等地，储量分布见表2-5。

表 2-5 中国菱镁矿储量分布 （百万吨）

省区	产地数	D 级以上储量	资源总量	占资源总量比例/%
辽宁	10	2358.1	2698.6	85.8
山东	2	269.6	337.7	10.7
河北	2	15.0	33.7	1.1
内蒙古	2		4.0	0.1
新疆	2	31.5	31.6	10
甘肃	1	26.9	26.9	0.9
四川	6	8.4	9.4	0.3
安徽	1	3.3	3.3	0.1
合计	26	2712.8	3145.2	100

注：资料由韩薇教授提供。

中国菱镁矿大多为露天开采，菱镁矿主要用于生产作为耐火材料原料的重烧氧化镁，其次是用于生产胶凝材料的轻烧氧化镁，再次是用于提炼金属镁。符合炼镁要求的菱镁矿的化学成分为：$w(MgO) > 45\%$、$w(CaO) < 1.5\%$、$w(R_2O_3) < 1.5\%$、$w(H_2O) < 3\%$，矿石粒度 30 ~ 120mm。辽宁海城、大石桥的菱镁矿能满足上述要求。

第三节 盐湖及沿海的水氯镁石、光卤石、卤水资源及海水等

中国盐湖资源极为丰富，青海察尔汗盐湖占地 5856 平方公里，可供炼镁的氯化镁储量为 31.90 亿吨（仅次于死海），居世界第二位。盐湖水及晶间卤水含氯化镁 16% ~

21%，经日晒提取光卤石母液含氯化镁34%～35%，用光卤石提取氯化钾后的母液含氯化镁24%。母液可就地日晒，浓缩成含氯化镁44%～45%、水50%的水氯镁石（$MgCl_2 \cdot 6H_2O$）。中国沿海制盐工业每年副产老卤百余万立方米，提溴后的卤水含氯化镁350g/L。

中国镁资源极其丰富，既有矿石资源，如：菱镁矿资源储量31.45亿吨、白云石矿已探明储量40亿吨；又有盐湖资源，镁盐储量达48.15亿吨，还有海水资源（含镁量达10^{14}t级）等，这些资源用于提取金属镁，可以说是取之不尽，用之不竭。

第四节　采选技术与装备

白云石矿是金属镁冶炼企业的原料供应基地。为解决所需的白云石原料问题，采选部门应首先获取当地政府颁发的《采矿许可证》，获得采矿权。为了合理、规范的开采，先要编制开采方案及安全技术措施，根据资源条件采用适合本矿特点的开采方法，尽可能地提高资源回收率。

以山西银光华盛镁业股份有限公司下属矿山稷王山白云岩矿为例，根据矿山地质条件，确定为山坡露天开采。开采方法为自上而下分台阶开采，采用露天台阶爆破，KQD-100潜孔钻机穿孔，人工硝铵炸药（或铵油炸药），采用导爆管和微差电雷管进行微差爆破，起爆药包采用2号岩石炸药；以SK260LC-8型挖掘机为主，ZL-50装载机辅助铲装矿石。

辅以 SK260LC-8 型挖掘机带破碎锤进行二次破碎；采用 30t 自卸汽车运输。

具体工艺如下：

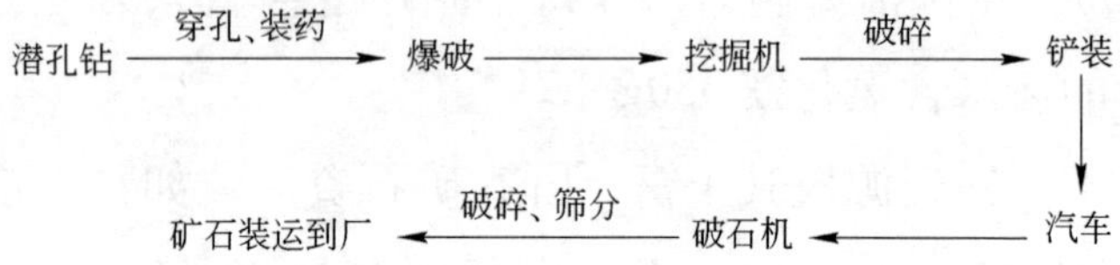

第三篇

镁冶炼工艺技术与装备

第一章　镁冶炼工艺技术

镁的生产方法，根据镁矿资源和种类不同，目前有两大类，即氯化熔盐电解法和热还原法。

第一节　氯化熔盐电解法

氯化熔盐电解法包括氯化镁的生产及电解制镁两大过程。该法又分为以菱镁矿为原料的无水氯化镁电解法和以海水为原料制取无水氯化镁电解法。电解法生产镁的最有代表性的有 DOW（道屋）工艺。国外电解镁的主要技术指标，如表 3-1 所示。

表 3-1　国外电解镁的主要技术指标

企业名称	槽型及容量/kA	日产粗镁/t·槽$^{-1}$	电压/V	每吨粗镁直流电耗/kW·h	回收氯浓度/%	每吨粗镁回收氯量/t
美国镁业公司（Magcorp）	300kA M 型槽	3.1	5.0	12540	>96	>2.9 回收率 99.9%

续表 3-1

企业名称	槽型及容量/kA	日产粗镁/t·槽$^{-1}$	电压/V	每吨粗镁直流电耗/kW·h	回收氯浓度/%	每吨粗镁回收氯量/t
挪威(NH公司) 波斯格隆镁厂	250~300kA 无隔板槽	2.45~2.53 2.94~3.03	5.0 5.0	12800(14000) 12800(15000)	90~95	2.85
加拿大的 贝坎库尔镁厂	400kA 专利槽	>4.2	5.3	12760	>95	2.9
2000年俄罗斯 Avisma	100kA 底插阳极 无隔板槽	0.8	4.7	13200	95	2.8

中国曾采用以菱镁矿为原料的电解法炼镁，其工艺流程如图3-1所示。

第二节 热还原法

国外的热还原法根据还原剂不同，分为硅热法、碳热还原法，后者在工业上很少采用。硅热法根据装备、能源条件形成了三种工艺：皮江（Pidgeon）外热法、波尔扎诺（Bolzano）电内热法和马格尼特（Magnethem）熔渣导电半连续硅热法。硅热法又分为外热法和内热法。中国采用的是皮江（Pidgeon）法工艺，巴西采用的是电内热法工艺。

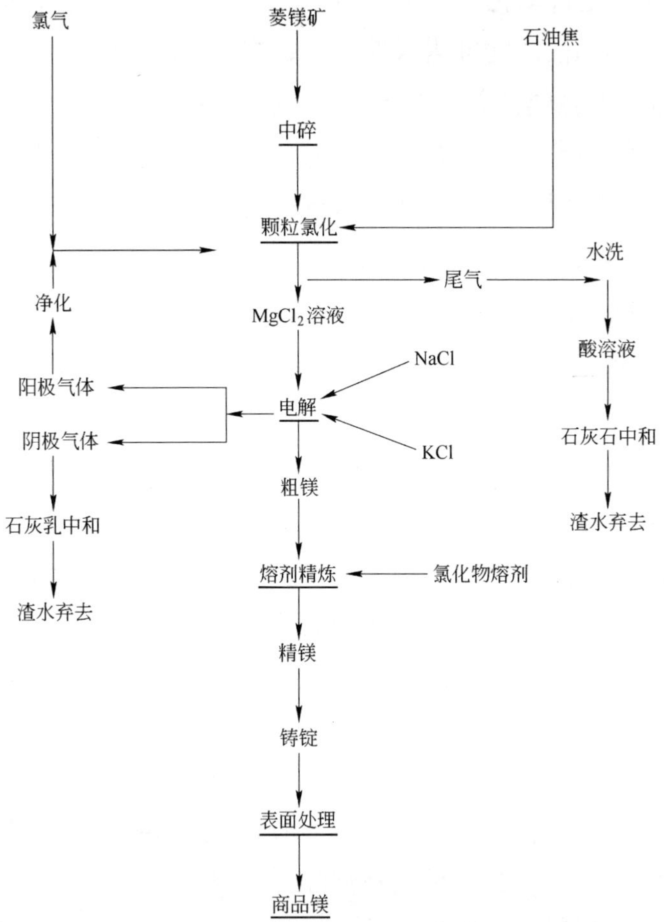

图 3-1　中国菱镁矿电解法炼镁的工艺流程

第二章　皮江法炼镁主要装备

目前中国白云石煅烧设备有回转窑、竖窑。用回转窑煅烧白云石是当前企业改造、新建、扩建的首选，优点是生产能力大，机械化自动化程度高，维护操作简单，煅白合格率可达100%，煅白活性度可达30%以上，灼减在0.5%以下，质量稳定；缺点是基建投资相比竖窑大，操作与维护技术要求高。

炉料细磨设备主要有颚式破碎机用于破碎硅铁和天然萤石；球磨机用于细磨硅铁或细磨炉料。硅热法炼镁一般选用ϕ1.2m×4.5m或ϕ1.5m×3.6m的球磨机。

炉料的压形通常采用对辊压球机，对辊压球机有立式与卧式两种。目前工业生产中一般用LYQ系列高压对辊压球机（立式）。

皮江法炼镁还原炉为矩形，用耐火砖砌筑，还原罐横向平放在炉子的托罐砖上，根据所用燃料和罐子排列方式的不同，还原炉分为单侧单排、双排及双侧双排、单排等结构类型，但多为单侧双排罐，还原罐直径多为ϕ339mm和ϕ370mm，每台还原炉的罐数为19、20、27、30、35、42、54、61、63只不等。

早期的皮江法炼镁厂都采用机械真空泵机组（现在有的厂还用），随着蒸汽喷射技术的改进和发展，20世纪90年代后期，镁厂已普遍采用蒸汽喷射泵系统。

粗镁的精炼过程是在精炼炉进行的，精炼炉用电加热称为坩埚电阻炉，劳动条件好，可自动控温。镁锭连铸机有倾斜与水平两种形式，模数60~136个不等。

第三章 镁合金生产工艺与装备

纯镁的力学性能很低，不能直接用作结构材料，但通过合金化，会使镁的力学性能大幅度提高。合金化的期望是强度的提高、耐热性的增强及耐蚀性的改善。因此，纯镁加合金化元素的冶炼过程就是镁合金生产。

第一节　镁合金生产工艺流程

一、在熔剂保护下的镁合金生产工艺流程

在熔剂保护下的镁合金生产工艺流程如图 3-2 所示。

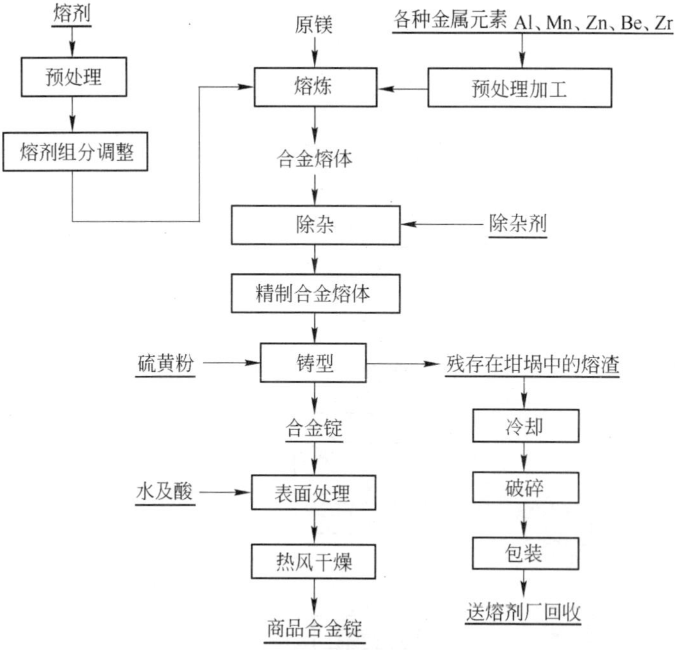

图 3-2　在熔剂保护下的镁合金的生产工艺流程

上述工艺过程是将粗镁（原镁或结晶镁）中的各种合金元素经过预处理后，加入熔炼炉里，在熔剂保护下进行熔

炼。熔炼温度为680～780℃。熔炼后可用各种除杂剂进行除杂，获得纯净的合金熔体（熔体的组分必须进行炉前分析），再浇注成型。镁合金锭需进行表面处理，然后用热风干燥，获得商品镁合金。

二、在气体保护下的镁合金的生产工艺流程

在气体保护下的镁合金的生产工艺流程如图3-3所示。

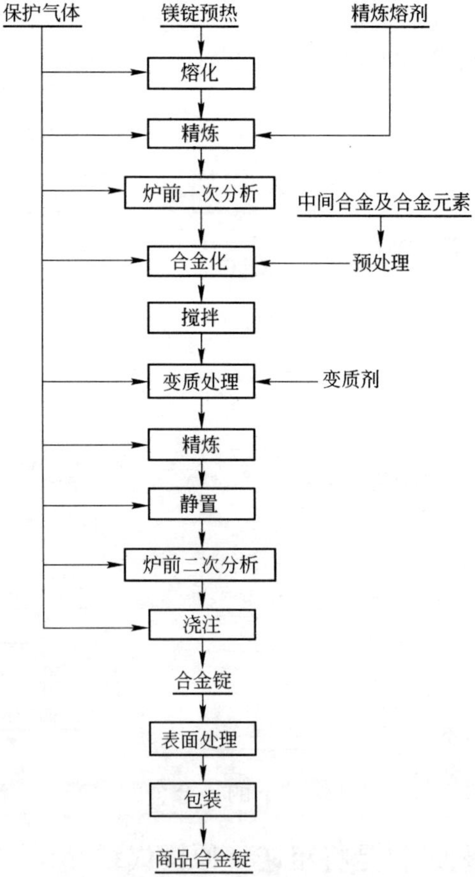

图3-3　在气体保护下的镁合金的生产工艺流程

第二节　镁合金生产用设备

一、镁合金的熔炼设备

镁合金熔炼的主要设备包括预热炉、熔炼炉和保护气体装置等，如图3-4所示。

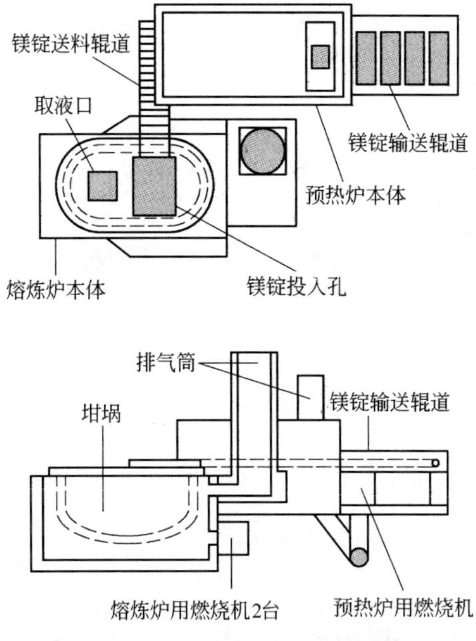

图3-4　镁合金熔炼装置示意图

在镁合金熔炼中，也广泛使用坩埚炉，它容量小，适用于小规模车间或小件异型铸件。坩埚炉的结构与熔炼铝合金用坩埚炉相似，按其加热方式可分为电阻坩埚炉和煤气坩埚炉。

煤气坩埚炉的燃料有焦炉煤气、发生炉煤气、天然气、半焦气。煤气借喷嘴喷入炉膛，喷射沿着切线的方向，以保证燃烧位置适当，否则喷嘴直接喷射到坩埚壁上，易引起金属局部过热，甚至使坩埚烧坏。

二、镁合金的浇注设备

气体保护半连续浇注机的主要部件有可调式半连续锭模、混合气体保护罩、锭模旋转传动装置、导液泵、导流管、导气管及锭模导轨等。

第四章　中国皮江法炼镁技术与装备的创新发展

从2003～2004年开始，一些镁冶炼企业注重对还原炉、回转窑、精炼炉节能减排的技术改造，推动了皮江法炼镁技术的进步与优化升级，使其发展成为符合清洁生产要求的低成本的中国式皮江法炼镁工艺装备。

第一节　调整能源结构，采用清洁能源

冶炼企业逐渐认识到，直接燃煤既浪费能源，又污染环境。因此企业陆续将直接燃煤调整为采用清洁能源（焦炉煤气、发生炉煤气、半焦煤气和天然气），而用气体燃料便于利用蓄热式高温空气燃烧技术进行节能减排。截至2011年

底统计，全国镁冶炼企业几乎全部使用清洁能源，其中采用焦炉煤气的有10家，采用天然气的有5家，采用发生炉煤气的有13家，采用半焦煤气的有46家。

第二节 提升皮江法镁冶炼技术与装备水平，节能减排

一、蓄热式高温空气燃烧技术

还原炉采用蓄热式高温空气燃烧技术（HTAC），可节能40%～50%。HTAC技术是国内外最先进的节能技术。还原炉炉型为室状炉。炉内还原罐的排布方式为双侧双排或单侧双排安装，罐数根据生产需要定。采用复合炉衬结构，既保证了炉子在高温下的强度和稳定性，又强化了炉体的绝热保温，减少了散热损失。

还原罐扩径并加长：由ϕ339mm扩径为ϕ370mm，长由2700mm增加到3100mm，单罐产量由22kg提高到30.2kg，提高了产能，实现了节能。

蓄热式燃烧系统由烧嘴砖、蓄热箱、自动换向阀、自动调节阀安全保护装备以及计算机远程自动控制系统组成。其配置的合理性、系统的安全性、技术的先进性、运行的稳定性、操作的便捷性将直接影响到还原工序的产品成本。

2005年在镁冶炼企业中，比较早引进HTAC技术的有：太原易威采用新型蓄热式高温空气燃烧技术，节约了煤气用量50%左右，吨镁煤耗由原来的11～12t，降为6t；太原同

翔也将蓄热体技术应用于还原炉，吨镁煤耗由原来 10.5t，降到6.5t，节能40%。

HTAC 技术的优势是：节能潜力大，一般节能率可达30%～70%；温度分布均匀，延长了还原罐和炉体的寿命；减少污染排放；大幅减少 NO_x 的生成，使烟气中的 NO_x 含量减少 40% 以上，同时 CO_2 的排放量减少 30%～70%；炉膛内为贫氧燃烧，使还原炉内还原罐的氧化烧损减少，提高还原罐的使用寿命；提高炉窑产量，降低设备造价，改造后产品的产量提高 10% 以上；使用清洁能源，并扩展了低热值燃料的应用范围，借助高温预热的空气使得采用低热值的燃料也能满足温度要求。

二、节能环保型回转窑余热利用技术

(1) 在窑尾加装竖式预热器，将烟气余热直接传导给白云石，使白云石预热到 850℃以上后，烟气经除尘器，排放温度可降至 200℃ 以下，有效回收了尾气排放带走的热量。

(2) 窑头出料冷却采用竖式冷却器代替原来的冷却筒，避免了煅白的热散失，从窑头落下的炽热煅白，通过与鼓入的二次风换热，得以冷却，空气吸收热量温度升高(600℃)后进入回转窑助燃。

(3) 采用冷却器和窑头罩一体化竖式设计，占地面积小，密封性好，避免了废热无组织排放，利于环保。

(4) 采用专用烧嘴向回转窑供热，可单独采用低热值燃气。

（5）采用 PLC 自动控制系统在主控室控制煅烧过程进行调节、控制和报警。

银光集团与北京科技大学合作开发和研制了新一代的烟气余热回收技术——连续蓄热燃烧技术，用于粗镁精炼、镁合金冶炼。

三、采用新技术后的吨镁能耗

2011 年，镁冶炼企业已经采用清洁能源、蓄热式高温空气燃烧技术与还原炉（精炼炉）结为一体，并辅以 PLC（DCS）计算机控制系统，实现了国内镁冶炼行业的高效、节能、环保、安全、自动化控制，使国内镁冶炼装备水平进一步提升。有 15 家企业采用节能环保型的燃气可控竖窑，代替普通回转窑，吨煅白节能 30%。有 23 家企业采用竖式预热器、竖式冷却器的节能增效型回转窑，比普通回转窑节能 40%，又提高窑的产能 40%。有 12 家企业利用回转窑窑尾余热带余热锅炉，用于射流真空，节能约 10%。

改造前后煅烧、还原、精炼三项主要工序的吨镁能耗比较，如表 3-2 所示。

表 3-2　三项主要工序的吨镁能耗比较

改造前后	煅烧/t 标煤	还原/t 标煤	精炼/t 标煤	合计/t 标煤
改造前燃煤	2.24	5.36	0.38	7.98
改造后燃气	1.50	2.5	0.33	4.33

注：表中数据为全国平均值。

2011 年，由于镁冶炼装备水平的提升，吨镁平均能耗降到5.0t标煤以下，同比下降13.33%，与燃煤相比，节能45.74%，与1998年相比，节能60%以上。

如山西闻喜银光镁业集团新建、改建了三条加装预热器的回转窑（图3-5），代替竖窑煅烧白云石，使吨镁白云石消耗从14t降为11t，煤耗由2.34t降为1.15t，分别节约25%和50.8%；对还原炉进行节能改造，淘汰直接燃煤窑炉，与北京科技大学合作，采用煤气加热、高温空气燃烧技术，改造成蓄热式还原炉，使还原炉耗煤由原来的6t减少

a

b

图3-5 加热预热器（a）、袋式除尘器（b）的回转窑

到3t，硅铁消耗由1.25t降为1.06t，分别节约50%和15%；淘汰直接燃煤的地坑炉，采用煤气加热的蓄热式精炼炉，节煤33.3%；同时以经净化的煤气炉尾气代替SO_2进行镁精炼，减少使用SO_2，实现了清洁文明生产。

银光镁业将蓄热燃烧技术应用于还原炉，目前有两种炉型结构，一种是双面双排结构，蓄热燃烧装置布置在炉体两侧（图3-6）；一种是单面双排结构，蓄热燃烧装置布置在还原罐端部（图3-7）。两种炉型吸取了蓄热燃烧技术的优点，可实现大型化、规模化发展。

图3-6　双面双排还原炉燃烧系统布置图

图3-7　单面双排还原炉燃烧系统布置图

四、中国原镁生产的 CO_2 排放情况

按材料全生命周期与环境相协调发展的思想，尽管镁及镁合金材料在应用过程中具有节能和环保的效应，但是如果在其原料生产阶段产生了较大的环境负荷，将有可能抵消镁及其合金应用中的“绿色”效应。近些年，中国原镁生产的 CO_2 排放情况已成为世界主要镁应用国家关注的焦点。根据国际通行的温室气体排放量计算方法，依《2008 年中国能源年鉴》和 2006 年 IPCC（政府间气候变化专门委员会）公布的燃料排放 CO_2 的排放因子数据，CO_2 排放量主要是基于燃烧的燃料总量和燃料中的平均碳含量及白云石煅烧分解产生的 CO_2 进行计算的。镁业分会以不同能源利用类型的企业数量及其所对应的镁产量作为权重因子，计算出吨镁直接排放的加权平均值为 9.85t CO_2 当量。而硅铁生产和耗电引起的吨镁间接排放的 CO_2 为 9.29t。硅铁用电已在硅铁厂计算了，这里未重复计算。

考虑到目前中国镁冶炼利用清洁能源、蓄热式高温空气燃烧技术、余热利用技术和新装备的推广应用仍有很大的提升空间，因此，未来中国原镁生产的 CO_2 排放的连续降低是完全有可能的。

五、绿色保护性气体 SL-1 替代 SF6 研制成功

国家镁合金材料工程技术研究中心和重庆硕龙科技有限公司联合开发的绿色保护性气体 SL-1，成功地替代了 SF6 用

于镁合金熔池的阻燃保护。在维持 SF6 的易用性和保护效果的前提下，与 SF6 相比，用量降低约 20%，温室效应降低约 90%，使用成本降低约 30%，阻燃效果如图 3-8 所示，具有较好的应用前景。

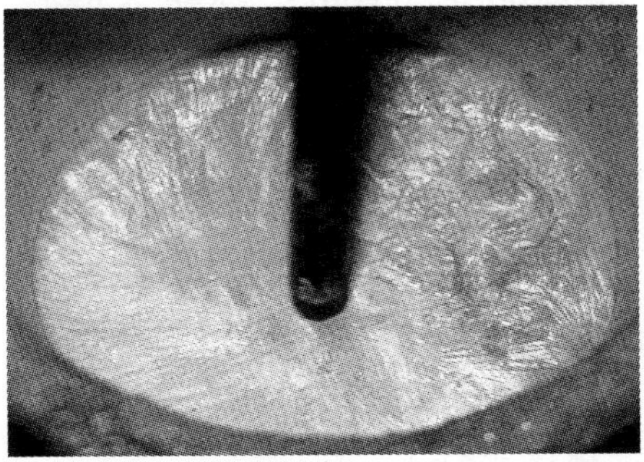

图 3-8 SL-1 保护气体在 350～760℃温度范围内为镁合金熔池提供优良的阻燃保护

第三节 粗废镁无熔剂连续复合精炼技术

重庆硕龙科技有限公司在香港生产力促进局和国家镁合金材料工程技术研究中心的指导下，在其专利“复合精炼法”中，创新性地解决了镁熔体固态夹杂连续过滤精炼过程中存在的“过滤介质易堵塞、过滤效能逐渐衰减、过滤介质需要不停更换”的世界性难题，实现了能在数十个小时内对熔体进行连续过滤精炼而不出现过滤效能衰减。

基于“连续复合精炼技术”的硕龙“SLJ 系列粗废镁无熔剂连续自动精炼系统”，除具备粗废镁的熔化、合金化和连续复合无熔剂精炼功能外，还能实现自动铸锭或/和熔体定量转移，供后续的压铸、半连续铸造和板坯铸轧，为“以粗废镁为原料，进行短流程、低能耗、低成本铸造、铸锭（坯）”提供了可能。重庆硕龙SLJ无熔剂重熔精炼系统的单条生产线年产能为600t，1200t，2500t，5000t和1万吨，如图3-9所示。

图3-9　SL-600J粗废镁无熔剂连续自动精炼系统

第四节　新型节能竖罐还原的研发与试用取得新成果

近年来，山西龙镁热能技术开发有限公司与太原科技大学合作，郑州麦格姆镁业科技有限公司与北京科技大学合作，分别开发了新型节能竖罐炼镁还原炉工艺技术及配套设备，将还原罐竖向配置，上部加料，下部出渣。采用清洁能源和蓄热式高温空气燃烧技术，经工业化试验，与当前燃气横罐相比，竖罐装料、出渣方便快捷，减轻了劳动强度，减少了60%的劳动用工；还原炉利用率提高，升温速率提高3倍，还原周期缩短到8～10h；温度控制自动化，还原罐寿命延长；排烟温度小于150℃，生产过程基本无烟尘排放，大大改善了作业环境和大气环境；占地少，投资省，降低了生产成本；提高劳动生产率50%；与横罐吨镁能耗2.5t标煤相比，龙镁公司竖罐吨镁能耗1.2t标煤，又节能52%，取得了显著的节能减排效果。如果能尽快产业化、规模化，将对镁冶炼还原系统节能清洁化生产，产生指导和示范作用。竖罐的推广应用将对金属镁冶炼节能减排产生巨大的推动作用。

第五节 皮江法炼镁的各项技术经济指标进步明显

2011年，皮江法炼镁的各项技术经济指标进步明显，如表3-3所示。

表3-3 1988年、1998年、2008年、2011年硅热法炼镁技术经济指标比较

年　份	吨镁用白云石/t	吨镁用硅铁/t	吨镁煤耗/t标煤	吨镁电耗/kW·h
1988年	14～18	1.4～2.0	16～18	2900～3600
1998年	12～14	1.2～1.3	11～13.4	1200～1900
2008年	10.5～11.0	1.08～1.1	5.6～6.2	1000～1500
2011年	10.4～10.8	1.04～1.06	4.5～5.0	1000～1350

2011 年与 1988 年相比，吨镁用白云石减少 3.6～7.2t，下降 25.7%～40%；硅铁减少 0.36～0.94t，下降 25.7%～47%；煤耗减少 11.5～13t，下降 71.88%～72.22%；电耗减少 1900～2250kW·h，下降 65.5%～62.5%，如图 3-10 所示。

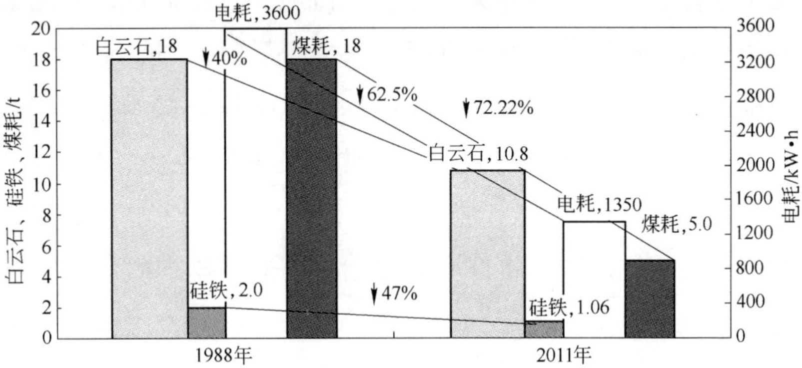

图 3-10 1988 年与 2011 年硅热法炼镁各项指标的对比

第五章 镁冶炼走低碳循环经济发展模式

镁冶炼企业把科学发展理念落实到节能减排、环保、能效提高上，推动资源再生产业发展，加强低碳技术的研发与高能效、低碳技术的推广应用，已取得一些成果。惠冶镁业集团舍得投入，“十五”以来，所有新建项目都配套建设了先进的节能减排项目，直接用于循环经济、节能减排项目和环保设施的投入累计超过亿元，镁冶炼行业“十一五”以来用于这方面的投入累计超过 30 亿元。

第一节 低碳循环经济的落实路径

惠冶镁业内部建立了“烟煤—半焦煤气—镁”，“烟煤—兰炭—硅铁—镁”，“镁渣—水泥”等多条循环经济产业链。将煤焦化的两种主要产物兰炭和半焦气分别作为硅铁冶炼和原镁冶炼的原料和燃料，实现了产业链中各“成员”之间的物质传递、供给、副产品交换和能量的梯级利用，不仅节约了资源和能源，而且也减少了污染物排放，收到了良好的经济与社会效益。其特点是：以洁净煤气、半焦煤气为燃料，从源头上解决了环保问题；以半焦炉自产的兰炭供硅铁电炉用，减少了长途运输成本；自产优质硅铁用于镁厂还原剂，保证镁的质量；半焦炉副产煤焦油除供硅铁炉用外，作为产品销售，冲减镁成本；通过内部循环，硅、镁系整体的生产成本和环保运行费用降低。

第二节 余热利用大有可为

一、还原渣余热利用

通过链斗机排出的还原渣（1000℃以上）进入冷渣机换热冷却后，温度降到100℃以下，同时使冷渣机的冷却软水进入余热锅炉，使水温提高了60℃，提高蒸汽产量15%，降低了能耗。

二、回转窑烟气余热利用

(1) 利用竖式冷却器、窑头罩、窑尾沉降室的余热，通过与鼓入二次风换热，助燃煤粉，节煤10%。

(2) 利用竖式预热器，预热白云石（850℃），提高煅烧产能15%，降低能耗。

(3) 可以利用回转窑窑尾排出的烟气为余热锅炉提供热源产出蒸汽，满足射流泵的动力需求。余热锅炉的使用，使回转窑排出的烟气温度由入锅炉前的660℃降到出锅炉的180℃，年节能1580t标煤。

(4) 在回转窑筒体上加设螺旋烘干设施，利用筒体余热烘干煤粉。

三、精炼炉烟气余热利用

烟道采取多管式镍铬钢换热器，有效回收利用烟道烟气余热，带动2台6t/h的余热锅炉。所产生的蒸汽为还原工序射流真空系统提供了蒸汽动力。

第三节 镁还原渣的综合利用

利用镁还原渣生产镁渣硅酸盐水泥。国家新的《镁渣硅酸盐水泥》（GB/T 23933—2009）标准于2009年9月1日实施，新标准规定，在水泥的组分中，镁渣添加量不小于12%且不大于25%，用于水泥中的镁渣，氧化镁含量（质量分数)不大于8%。修订后的标准，更加有利于镁渣的综合利用。新镁渣可用于钢铁冶金造渣，还原渣可制作免烧砖，并已研发出镁渣蓄热材料和镁渣环保陶瓷材料。

第六章　电解法炼镁技术水平有进展

第一节　引进技术消化创新，改善电解指标

遵义钛业有限公司利用乌克兰国家钛设计院110kA无隔板电解镁技术，形成1.5万吨/年电解镁产能，2007～2008年吨镁直流电耗14500kW·h，比改造前降低电耗2000kW·h/t，吨镁回收氯2.6t，提高氯回收率12.6%。

洛阳双瑞万基钛业和攀枝花钢铁企业公司，借鉴国外经验研发创新了90～165kA双极电解技术，分别于2008年和2010年7月投产，吨镁直流电耗为11000kW·h，为利用优质氯化镁（$w(MgCl_2)=98\%\sim99\%$、$w(MgO)<0.015\%$）电解进一步节能提供宝贵经验。

第二节　利用青海盐湖资源，引进国外脱水电解技术，建10万吨电解镁厂

青海盐湖集团镁业公司引进挪威海德鲁（Norsk Hydro）技术，建10万吨电解镁厂。其工艺为：以净化卤水、浓缩、制粒（0.5～2mm），一次脱水，二次HCl气氛下脱水制取粒

状氯化镁，利用430kA专利槽电解，预期电流效率为91%～92%，吨镁直流电耗为12760kW·h，吨镁阳极回收氯气2.8t，氯气浓度不小于95%，粗镁连续精炼铸锭，副产氯气配套生产聚氯乙烯。整个工艺机械化、自动化、全员劳动生产率高(100t/(人·年))，全过程密闭，劳动条件好。如经努力实现上述指标，将把中国电解镁技术提升到一个新的水平。

第三节 氯化物体系熔盐电解法制备稀土镁中间合金技术与装备

稀土镁中间合金是生产镁基稀土应用合金的中间体材料，其生产方法为氯化物体系熔盐电解法。氯化物体系熔盐电解制备稀土镁中间合金的生产流程，如图3-11所示。

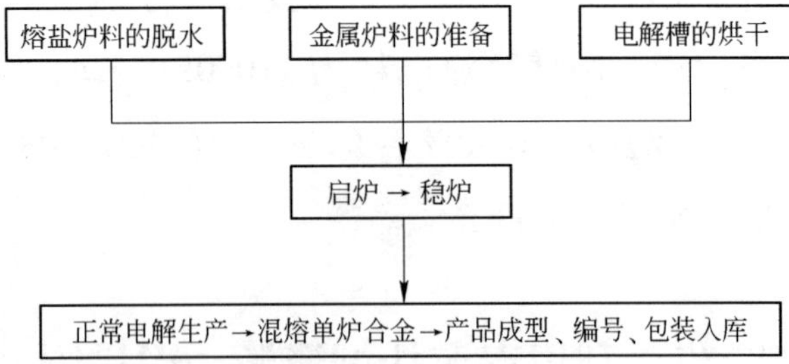

图3-11 氯化物体系电解制备稀土镁中间合金生产流程图

电解在700～900℃下进行，但如以液态镁作阴极，镁容易上浮到电解液表面。而中国科学院长春应用化学研究所采用静态下沉阴极法，将稀土含量（质量分数）为5%～8%的稀土镁中间合金作为初始下沉液态阴极，在此基础上电解，使液态阴极中的稀土浓度（质量分数）从5% ~8%提高到20% ~25%，获得稀土浓度在20%以上的稀土镁中间合金，如图3-12所示。

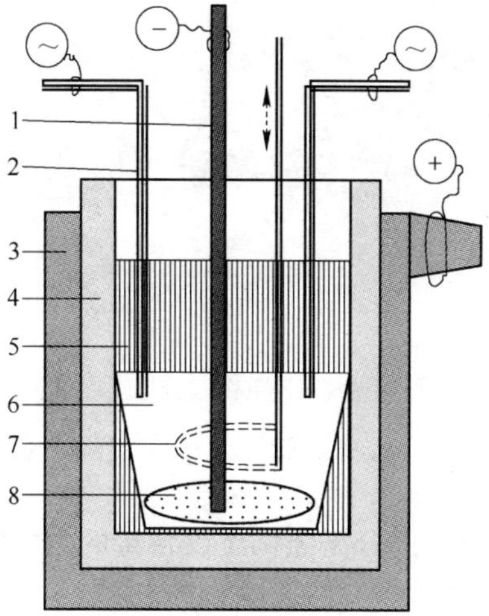

图3-12　氯化物体系电解制备稀土镁中间合金1000 ~3000A电解槽截面图

1—阴极(钨)棒；2—交流内加热探头；3—电解槽铸铁外壳；4—石墨电解槽内衬（兼做阳极）；5—熔盐电解质；6—液态阴极承受器（坩埚）；7—上下振动式搅拌器；8—液态阴极（合金产品）

第七章　镁合金新材料的研发与应用新进展

第一节　高性能稀土镁合金新材料研发与应用

一、高强稀土镁合金

随着镁合金在高温环境和要求高强度的航空、航天领域的应用，稀土元素应用于镁合金的研究重新受到重视，如图3-13 以及表3-4、表3-5 所示。

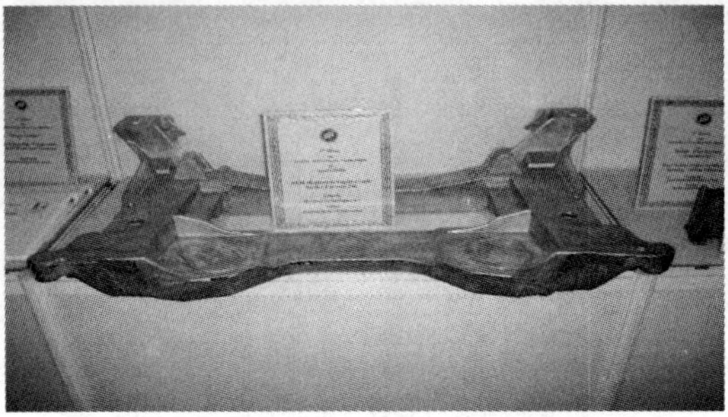

图 3-13 应用高强稀土镁合金制造的
GM Corvette Z06 汽车发动机托架

表 3-4 部分高强稀土镁合金的力学性能

合金牌号	抗拉强度 σ_b/MPa	屈服强度 $\sigma_{0.2}$/MPa	伸长率 δ/%
AE42	226	139	11
ACM522	200	158	4
MIR153	197	157	2.2
ZE41	205	140	3.5
EZ33	160	112	2
QE22	260	195	3
WE54	280	172	2
WE43	265	186	2

表 3-5　长春应用化学研究所开发的部分高强变形稀土镁合金的材料性能

牌　号	σ_b/MPa		σ_s/MPa		ε/%	
	RT	250℃	RT	250℃	RT	250℃
Mg-6Y-10Gd	302	324	270	260	3	5
Mg-7Y-4Ho	284	232	200	168	9	19
Mg-6Y-1. 5Ce	280	223	158	141	6	17
Mg-6Y-1. 5La	251	210	140	129	10	26
Mg-8Gd-1Dy	355	289	261	218	8. 1	10. 1
Mg-8Gd-5Er	345	298	242	189	7. 5	9. 2
Mg-8Gd-3Ho	279	211	175	131	7. 6	8. 3

在高强耐热稀土镁合金的研究与应用方面，美国始终领先，欧洲和日本也非常活跃，许多应用型稀土镁合金都问世于欧洲。较早的如 EK、EZ、QE 系列，近期的有 WE 系列。日本也有相近的 MC8（EZ33A）、MC9（QE22A）和 MC10（EZ41A）等稀土镁合金。中国与发达国家相比，实用稀土镁合金的研究仍处于起步阶段，如何变镁和稀土资源的大国为研究和应用的强国，是我们研发的方向，如图 3-14所示。

二、耐热稀土镁合金

目前大多数的耐热镁合金都含有稀土。根据稀土在耐热镁合金中的含量不同，含稀土的耐热镁合金可分为以下

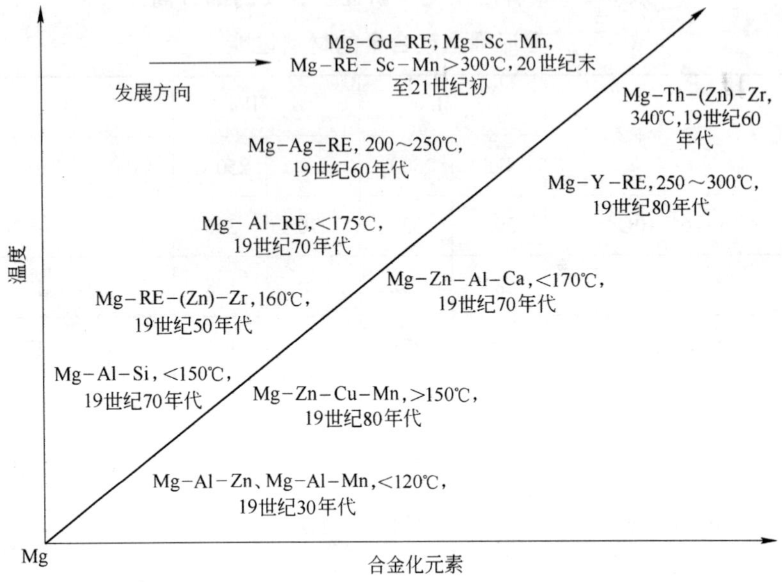

图 3-14 国内高强镁合金未来发展进程示意图

三类：

（1）低稀土耐热镁合金（w(RE)＜2%）。代表性的有AE41、ZE41、QE21、ZE10A等合金。另外还包括通过添加少量稀土元素Ce、Y等改善AZ、AS、AM等合金系的高温性能，也能满足民用领域的部分需求。

（2）中等稀土耐热镁合金（2%≤w(RE)＜6%）。这个范围的合金较多，代表性的有AE42、AE44、ACM522、ZE33、ZE63、EQ21、QE22、QE22A、EK30、EK31、EK41等多个系列，如图3-15所示。

（3）高稀土耐热镁合金（w(RE)≥6%）。合金有WE33、WE43、WE54等，以及目前开发的Mg-6Sc-1Mn、

图 3-15　高温性能优异的 AE44 镁合金铸造壳体部件

Mg-15Sc-1Mn 和 Mg-9Gd-4Y-Zr 等 Mg-Gd 系合金。该系列合金的高温性能优异，可以在 250～300℃的温度下长期使用。总的趋势来看，随着稀土含量的增加，耐热镁合金的高温性能提高，如图 3-16 所示。

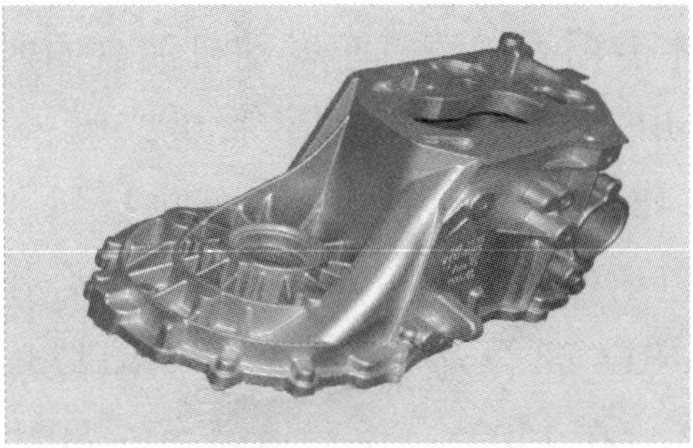

图 3-16　可以在 200℃时维持强度不变的
Mg-Gd-Y-Zr 合金低压铸造部件

稀土镁合金在 500～530℃固溶处理可以得到过饱和固溶体，然后在 150～250℃附近时效时均匀弥散地析出第二相，获得显著的时效强化效果。从表 3-6 中可以看出生成的稀土镁化合物的熔点都在550℃以上，具有很高的热稳定性。

表3-6 稀土镁化合物的熔点与最大固溶度

Mg-RE 中间化合物	$Mg_{41}Sm_5$	$Mg_{12}Nd$	$Mg_{12}Pr$	$Mg_{17}Eu_2$	$Mg_{24}Dy_5$	$Mg_{24}Ho_5$
熔点/℃	550	552	580	591	<600	<600
最大固溶度(质量分数)/%	5.8	3.6	1.7	≈0	25.8	28
Mg-RE 中间化合物	$Mg_{24}Er_5$	$Mg_{24}Y_5$	$Mg_{12}Ce$	$Mg_{12}La$	Mg_5Gd	Mg_2Yb
熔点/℃	<600	<605	616	640	642	718
最大固溶度(质量分数)/%	32.7	12.4	1.6	0.79	23.5	3.3

除以上几个系列的耐热镁合金之外，世界各国也根据各自的资源状况开发了基于稀土元素的复合添加耐热镁合金牌号。日本专门为压铸汽车发动机油盘而研制开发了一种 Mg-Al-Ca-RE 系合金，通过添加 0.25% ~5.5% 的 Ca，达到降低 AE42 合金成本并获得更佳抗拉强度和蠕变强度的目的。以色列死海镁业和德国大众公司合作开发了另一种 Mg-Al-Ca-RE 系合金，主要有 MR1153、MR1230D。MR1153 合金能在150℃高温环境及50 ~80MPa 负荷下长时间使用。

长春应用化学研究所认为，采用碱土金属（Ca、Sr、Ba）来改善现有镁合金的耐热性能，并开发新型廉价耐热镁合金，是今后耐热镁合金发展的主要方向之一。但是，含碱土金属的镁合金只能在低于200℃的环境下工作，并且承载的负荷也较低，一般多应用在汽车等民用领域。而高稀土的耐热镁合金可以在 200～300℃的环境下长期服役，主要应用在航空飞行器和军事兵器领域。虽然加入稀土后成本较高，但其在镁合金中的作用目前无法被其他合金取代。近年来，长春应用化学研究所系统研究了 Mg-8Gd-LRE（LRE：La、Ce 和 Nd）系和 Mg-8Gd-HRE（HRE：Y、Dy、Ho 和 Er）系合金的组织和性能。研究结果表明，添加少量的轻稀土能够降低 Gd 在 Mg 基体中的固溶度，但对提高合金的力学性能和耐热性的作用效果有限。在添加的轻稀土元素中，Nd 的作用效果较好，其次为 Ce、La。添加的重稀土元素 Ho、Er、Y 和 Dy，在镁合金中有很大的固溶度，易取代 Gd 在基体中的位置，利于提高 Gd 的时效硬化作用，从而提高合金的力学性能和耐热性。重稀土中 Y 和 Dy 的作用效果较好，其次为 Ho、Er。组合稀土的添加能改善合金的时效硬化特性，提高合金的力学性能。

三、耐蚀稀土镁合金

镁合金的纯净化、耐蚀合金化和表面处理是提高镁合金耐蚀性能的有效途径。国内外的研究已表明，稀土镁合金一般具有良好的耐蚀性能，稀土元素是提高镁合金耐蚀性能十分有益的元素。添加稀土元素的镁合金其耐蚀性能一般均高于不含稀土的成分相近的镁合金。近年来通过多元稀土复合、稀土元素和碱土金属复合实现了镁合金耐蚀性能的突破，已研制出一些具有高耐蚀性的镁合金。因此镁合金的稀土耐蚀合金化是提高镁合金耐蚀性能最有效最有前途的发展方向，稀土耐蚀镁合金具有广泛的应用前景。

四、稀土镁合金研究新进展

国内多家科研院所、高校在稀土镁合金研究中取得丰硕成果，分别见表3-7～表3-12。

表3-7 中科院长春应化所研发的部分新型镁合金的力学性能

试验合金	状 态	力学性能		
		σ_b/MPa	σ_s/MPa	δ/%
Mg-8.2Gd-2.8Er-0.34Zr	铸 态	210(RT)	101(RT)	5.3(RT)
	T6(530℃×10h+230℃×100h)	261(RT)	173(RT)	5.1(RT)
Mg-8.1Gd-2.81Ho-0.38Zr	T6(530℃×10h+230℃×60h)	279(RT)	175(RT)	4.7(RT)
Mg-12Gd-4Y-2Nd-0.3Zn-0.6Zr	铸 态	275(RT)	220(RT)	3.1(RT)
	T6(525℃×12h+225℃×48h)	310(RT)	280(RT)	2.8(RT)
Mg-8Gd-2Nd-1Y-0.6Zr	铸 态	261(RT)	188(RT)	9.4(RT)
	T6(530℃×10h+230℃×100h)	293(RT)	221(RT)	4.6(RT)
Mg-12.3Zn-5.8Y-1.4Al	铸 态	191(RT)	100(RT)	6.9(RT)
	T6(335℃×12h+200℃×5h)	203(RT)	106(RT)	4.9(RT)
Mg-8.31Gd-1.12Dy-0.38Zr	铸 态	210(RT)	187(RT)	5.7(RT)
	T6(530℃×10h+230℃×100h)	355(RT)	261(RT)	3.8(RT)

表 3-8 上海交大开发的 JDM1、JDM2A、JDM3 等多种稀土镁合金

合金系	合金元素		室温力学性能			显微组织	最终使用状态	中性盐雾腐蚀速率	使用温度
	主要	微量	屈服强度/MPa	抗拉强度/MPa	伸长率/%				
JDM1 铸造镁合金（ZL200510030457.8）	Nd	Zn、Zr、Ca	140	300	10	铸态由镁基体（α-Mg）和离异共晶 $Mg_{12}Nd$ 相构成。固溶处理后 $Mg_{12}Nd$ 进入基体，同时在晶粒内部形成细小弥散相，为含 Zr 化合物，一种呈椭球状的为 Zr-H 化合物，一种呈短片状的为 Zn-Zr 化合物	200℃ 峰值时效态（T6 态），时效沉淀强化占 60% 以上。 250℃时抗拉强度仍高于 240MPa，与 A356 铝合金相当。合金在 200℃ 和 100MPa 下的稳态蠕变速率在 10^{-9} 数量级。 350℃ 挤压时效态（T5 态）屈服强度 290MPa 抗拉强度 317MPa，伸长率 22%	T4 态下腐蚀速率低于 A356； T6 态下高于 A356 与 AZ91 比，中性盐雾腐蚀率通常在 0.10～0.15mg/(cm^2·d) 范围	JDM1 铸造镁合金可以在 250℃ 及其以下温度，特别是 200℃ 以下使用

续表 3-8

合金系	合金元素		室温力学性能			显微组织	最终使用状态	中性盐雾腐蚀速率	使用温度
	主要	微量	屈服强度/MPa	抗拉强度/MPa	伸长率/%				
JDM2A、JDM2B 铸造镁合金（ZL2005 10025251.6）	一种高稀土含量的镁合金，以重稀土 Gd、Y 等为主要合金元素		240 ~ 260	370 ~ 400	3 ~ 5	铸态由 α-Mg 和离异共晶 $Mg_{24}(GdY)_5$ 相构成。 固溶 $Mg_{24}(GdY)_5$ 进入基体。挤压态 JDM2A 合金主要强化机制为晶界强化和析出相强化	T6 态，时效沉淀强化占 60% 以上。 250℃时抗拉强度仍高于 300MPa，合金在 200℃和 100MPa 下稳态蠕变速率在 10^{-9} 数量级。 400℃ 挤压时效态（T5 态）屈服强度：314MPa，抗拉强度：422MPa，伸长率 3.7%	相对于 AZ91D，JDM2A 在 5% NaCl 盐雾试验中的腐蚀速率提高了约 10%	JDM2A 铸造镁合金可以在 300℃及其以下温度使用。 蠕变性能良好，与传统商业高强度耐热镁合金 WE54 相比，JDM2A 合金具有更高的高温与低温力学性能
JDM2B 合金（在 JDM2A 基础上针对锻造开发出来的）	相对于 JDM2A，Gd、Y 含量有所下降，目的是提高锻造的成型性		锻造 F 态 ≥215；锻造 T6 态 ≥335	锻造 F 态 ≥310；锻造 T6 态 ≥420	断后 ≥9.0；断后 ≥5.0				

续表 3-8

合金系	合金元素		室温力学性能			显微组织	最终使用状态	中性盐雾腐蚀速率	使用温度
	主要	微量	屈服强度/MPa	抗拉强度/MPa	伸长率/%				
JDM3 铸造镁合金是一种高稀土含量的镁合金	以重稀土元素 Y、Gd、Zn 为主		260	290	0.6	由镁基体（α-Mg）离异共晶 $Mg_{24}(GdYZn)_5$ 相（灰色）、$Mg_{12}YZn$ 大块条状共晶相（深黑色）和晶内的片状精细条纹相构成。固溶后，$Mg_{24}(GdYZn)_5$ 相（灰色）、$Mg_{12}YZn$ 相明显长大少量 RE-H 化合物形成	200℃ 峰值时效态（T6 态）抗拉强度最大值 340MPa，高于 250℃时，高温拉伸性能迅速下降，伸长率快速提高，但 300℃ 时，抗拉强度仍大于 250MPa 条件下进行蠕变，T6 态 JDM3 稳态蠕变速率为 $6.60 \times 10^{-8} s^{-1}$，100h 后的蠕变量仅为 1.76%		铸造 JDM3 合金优良的高温性能源于晶界上 $MG_{12}ZnY$ 相对晶界的钉扎作用，以及晶内 LPSO 结构相和析出相的复合强化作用。JDM3 合金室温时塑性较差，但其高温性能优良
JDM4 镁合金（ZL200810040923.4，是一种含 Ag 的高稀土含量的镁合金）	以重稀土元素 Gd、Y 为主	Ag、Ca、Zr	300	410	2.3	由镁基体（α-Mg）和离异共晶 Mg_5Gd 相组成，固溶后 Mg_5Gd 进入基体	200℃ 峰值时效态（T6 态），固溶处理态合金经过时效沉淀强化后合金强度显著提高，同时，伸长率明显下降		JDM4 合金是目前世界上所报道的屈服强度最高的铸造镁合金

表 3-9 上海交通大学研发的部分新型镁合金的力学性能

试验合金	状 态	力学性能		
		σ_b/MPa	σ_s/MPa	δ/%
Mg-4Gd-3. 5Dy-3. 1Nd-0. 4Zr	T6(525℃ ×8h +200℃ ×64h)	298(RT)	179(RT)	3. 3(RT)
Mg-11Gd-2Nd-0. 5Zr	T6(525℃ ×4h +200℃ ×24h)	336(RT)	222(RT)	2. 5(RT)
	T6(525℃ ×4h +10%冷变形 +200℃ ×24h)	381(RT)	298(RT)	1. 4(RT)
Mg-12Gd-3Y-0. 5Zr	轧 制	362(RT)	250(RT)	6. 02(RT)
	轧制 +T5(200℃ ×16h)	436(RT)	275(RT)	4. 37(RT)
Mg-4Y-4Sm-0. 5Zr	铸 态	222(RT)	128(RT)	6. 2(RT)
	T4(525℃ ×8h)	236(RT)	127(RT)	14. 1(RT)
	T6(525℃ ×8h +200℃ ×16h)	338(RT)	216(RT)	6. 9(RT)
Mg-5Zn-1Nd-0. 4Zr	轧 制	319(RT)	278(RT)	10. 8(RT)
Mg-5Zn-2Nd-1. 5Y-0. 6Zr-0. 4Ca	挤 压	357(RT)	351(RT)	1. 92(RT)

表 3-10 重庆大学研发的部分新型镁合金的力学性能

试验合金	状 态	力学性能		
		σ_b/MPa	σ_s/MPa	δ/%
Mg-10Gd-5Y-0. 6Mn-1. 0Zr	挤 压	324(RT)	286(RT)	4. 29(RT)
	挤压 +T5(225℃ ×18h)	411(RT)	388(RT)	3. 48(RT)
Mg-10Gd-5Y-0. 6Mn-0. 4Sc	挤 压	314(RT)	282(RT)	4. 68(RT)
	挤压 +T5(225℃ ×18h)	406(RT)	385(RT)	3. 41(RT)
Mg-10Gd-5Y-0. 6Mn-0. 3Ca	挤 压	330(RT)	278(RT)	4. 04(RT)
	挤压 +T5(225℃ ×18h)	421(RT)	396(RT)	3. 11(RT)

续表 3-10

试验合金	状　态	力学性能		
		σ_b/MPa	σ_s/MPa	δ/%
Mg-6Zn-0.45Zr-0.7Sc	挤　压	350(RT)	278(RT)	14(RT)
	挤压+T6(450℃×3h+180℃×24h)	360(RT)	352(RT)	10(RT)
Mg-2Zn-1Mn-0.1Ce	挤　压	280(RT)	200(RT)	20(RT)
Mg-4Zn-0.5Zr-5Y	挤　压	400(RT)	375(RT)	15(RT)
Mg-1.5Zn-0.5Zr-0.1Nd	挤　压	232(RT)	154(RT)	32(RT)
Mg-7Y-0.5Zr	挤　压	280(RT)	183(RT)	29(RT)
Mg-9Zn-0.6Zr-0.5Er	挤　压	366(RT)	313(RT)	22(RT)
	挤压+T5(200℃×10h)	372(RT)	342(RT)	18(RT)
Mg-1.5Zn-0.6Zr-4Er	挤　压	271(RT)	231(RT)	30(RT)
Mg-8Zn-0.6Zr-1Y	挤　压	360(RT)	320(RT)	19(RT)
Mg-Zn-Mn	T4+双级时效处理	360(RT)	340(RT)	6(RT)

表 3-11　中南大学研发的部分新型镁合金的力学性能

试验合金	状　态	力学性能		
		σ_b/MPa	σ_s/MPa	δ/%
Mg-4.9Zn-0.9Y-0.7Zr	轧制(轧制温度400℃)	365(RT)	305(RT)	4.0(RT)
Mg-5Yb-0.5Zr	铸　态	189(RT)	106(RT)	7.5(RT)
	挤　压	304(RT)	268(RT)	12.9(RT)
Mg-6Zn-2Nd-1Y-0.5Zr	挤压+轧制	359(RT)	238(RT)	13.0(RT)
	挤压+轧制+T5(150℃×22h)	350(RT)	281(RT)	13.0(RT)
Mg-9Gd-4Y-0.65Mn	挤压+T6(520℃×2h+150℃×24h)	336(RT)	310(RT)	11.2(RT)
	挤压+T5(225℃×24h)	360(RT)	320(RT)	5.0(RT)
Mg-9Gd-4Y-0.6Zr	挤压+T6(480℃×2h+150℃×24h)	320(RT)	298(RT)	4.5(RT)
	挤压+T5(225℃×24h)	370(RT)	350(RT)	3.5(RT)

表 3-12 山西闻喜银光集团镁业有限公司镁合金的常温性能及其应用实例

项目			抗拉强度 σ_b/MPa	屈服强度 $\sigma_{0.2}$/MPa	伸长率 δ/%	银光应用实例
铸造合金		YGZ01	250	140	≥10	电动车轮毂
		YGZ02	270	150	≥10	摩托车轮毂
		AZ91HPX	274	174	≥8	汽车零件（耐热）
变形合金	挤压态	YGB04	313	232	≥13	通用型材
		YGB04-1	280	178	≥17	通用型材
		YGB08	346	250	≥14	军工用材
		YGB09	405	340	≥10	航空航天
		MB26	380	326	≥15	航空航天器材
	轧制态	YGBD01			≥25	电池专用

五、中科院沈阳金属研究所在新型高性能镁合金研制方面的技术进步

沈阳金属所对新型变形镁合金的研究主要围绕 Mg-Gd-Y-Zr、Mg-Zn-Y-Zr、Mg-Y-Nd 和 Mg-Zn-Gd 镁合金以及 Mg-Li-Zn-Y 超轻镁合金开展。表 3-13 显示了沈阳金属所研发的部分新型镁合金的力学性能。从表中可以看到，Mg-10Gd-3Y-1Zn-0.5Zr 稀土镁合金经挤压和热处理后的力学性能相对较高；Mg-Li-Zn-Y 镁合金显示出了最佳的比强度；Mg-2Zn-1Gd 镁合金则具有良好的室温韧性。

表 3-13 中科院沈阳金属所研发的部分新型镁合金的力学性能

试验合金	状态	力学性能		
		σ_b/MPa	σ_s/MPa	δ/%
Mg-10Gd-3Y-0.5Zr	挤压	290(RT)	192(RT)	13(RT)
	挤压+T5(250℃×10h)	341(RT)	228(RT)	11(RT)
	挤压+T5(200℃×100h)	397(RT)	311(RT)	5.0(RT)
Mg-10Gd-3Y-1Zn-0.5Zr	挤压	347(RT)	231(RT)	11(RT)
	挤压+T5(250℃×10h)	382(RT)	255(RT)	9.0(RT)
	挤压+T5(200℃×100h)	428(RT)	339(RT)	4.0(RT)
Mg-5.8Zn-1.0Y-0.48Zr	轧制(轧制温度:320℃)	320(RT)	249(RT)	18(RT)
	轧制(轧制温度:350℃)	322(RT)	253(RT)	13(RT)
	轧制(轧制温度:380℃)	338(RT)	273(RT)	11(RT)
Mg-12Zn-1.2Y-0.4Zr	挤压	320(RT)	231(RT)	13(RT)
Mg-5Y-4Nd	挤压+T5(200℃×72h)	351(RT)	274(RT)	7(RT)
Mg-8Li-3Zn-0.5Y	挤压	222(RT)	148(RT)	30.7(RT)
Mg-8Li-6Zn-1Y	挤压	239(RT)	159(RT)	20.4(RT)
Mg-8Li-9Zn-1.5Y	挤压	247(RT)	166(RT)	17.1(RT)
Mg-1Zn-1Gd	轧制	232(RT)	182(RT)	29.2(RT)
Mg-2Zn-1Gd	轧制	249(RT)	164(RT)	36.4(RT)

中国科学院金属研究所镁合金材料及成型技术创新课题组近年来在国家“973”项目、“863”项目、国家科技支撑项目、国家自然科学基金和重点基金项目等与镁合金有关的项目的支持下，经过多年的科研积累和数年的攻关，在 Mg-Zn-Y 相图研究的基础上，基于相图的合金化学成分设计开发出两种含 Y 元素的新型变形镁合金，包括一种高强韧 Mg-

Zn-Y 变形镁合金（金属所内部牌号 G04 合金）和一种常温高塑性 Mg-Zn-Y 变形镁合金。

（一）新型高强度变形镁合金 G04 合金

1. 新型高强度变形镁合金的综合性能

金属研究所针对航天用户提出的各项性能要求进行分析，经过成分设计优化、冶炼铸造技术升级、铸锭凝固组织细化、合金热处理制度优化，并深入研究其高温塑性变形行为、温热塑性成型原理及其强韧化机理、合金的腐蚀与防护技术等，形成了完善的符合军品生产要求的质量管理体系。最终，研制成功新型高强度变形镁合金。该镁合金材料及其表面处理技术已被成功地应用于多种航天器电控箱体上，取得巨大的经济效益和社会效益。

2. 已研发出镁合金熔体净化处理的关键技术

金属研究所现在已经掌握了镁合金熔体净化处理的一系列关键技术，可以根据研发生产的实际应用需要，采用熔剂精炼和其他特殊处理，将熔体夹杂及氧化夹杂控制在可以接受的合理范围之内，从而使铸锭初始组织阶段开始最大程度地保证合金的冶金质量，为材料在后续加工中获得优异的、稳定的各项性能指标奠定了基础。

3. 选择和控制合适的变形加工温度与变形量

金属所研究了合金经过不同固溶温度和时间处理后，获得适当的均匀组织。经过优化后的固溶处理的温度和时间为：从室温升温到(320 ± 10)℃保温 4h，(380 ± 10)℃保温 2h，(420 ± 10)℃保温 8h，取出工件，空冷。经过上述固溶处理工艺，合金的铸态组织得到了较好的均匀化处理。

固溶处理后的铸锭坯料，在3600T的液压机上，进行两镦两拔锻造加工（图3-17a）镁合金在锻造时，压下量需要适当控制，加工过程中温度过高和过低都会导致锻件开裂；当变形速率过高时，也会造成开裂（图3-17b）。研究者对该合金的锻造加工性能进行了不断优化，经过选择和控制合适的变形温度和变形量，成功获得一定规格的锻造产品。在用户根据实际应用提出更大规格的锻件的需求时，课题组针

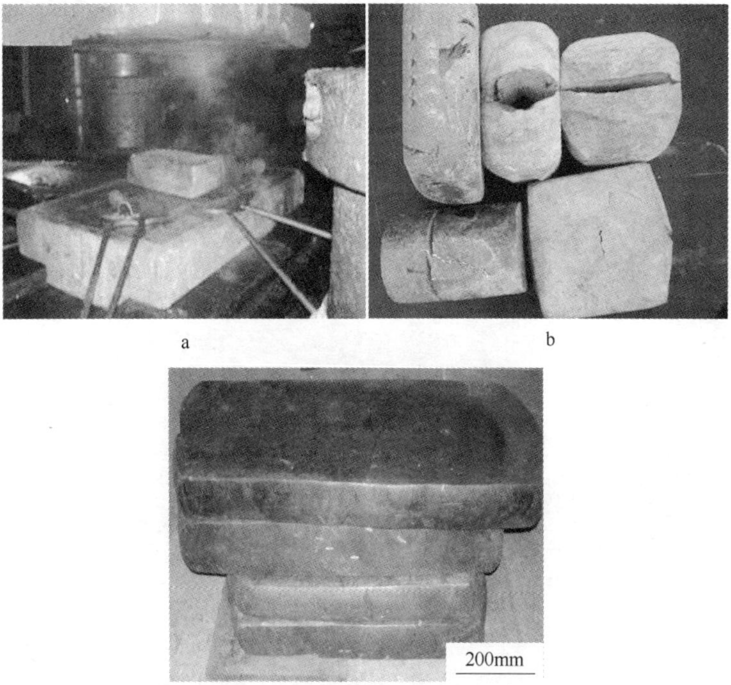

图3-17 G04镁合金的锻造

a—两镦两拔锻造加工；b—锻造开裂的样品；c—成功的锻造产品

对熔炼铸造模具和相关工艺参数的改良后，成功制备出单件规格最大达 100kg 的大型锻件（图 3-17c）。

4. 锻造组织得到有效控制，力学性能优化

锻造的压下量对合金的组织演变存在明显的影响，通过对不同变形量合金的组织进行研究，总结了变形量对合金组织再结晶比例的影响规律，并作为后续锻造加工过程的控制参数。课题组研究发现，锻造过程中的锻压方向相对于合金锭初始位向的关系，对合金的组织晶粒尺寸和织构等组织参数产生重要影响（图 3-18）；要保持组织和性能的稳定性，

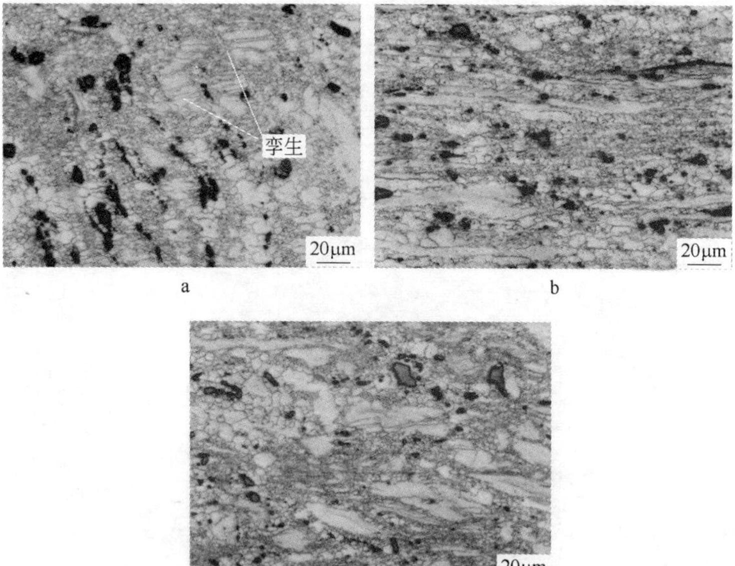

图 3-18 挤压态 G04 镁合金在 350℃以相同的应变速率 $0.1s^{-1}$ 经不同应力方向锻压 60% 应变量后的变形组织的差异

a—ED；b—ND；c—TD

需要严格控制铸锭锻压加工道次次序等过程参数。

锻造后为了进一步优化合金的性能，可对锻件进行人工时效热处理，以调整组织和性能。课题组对变形后镁合金进行不同温度和时间的人工时效处理，测得的力学性能表明（图 3-19），当采用如下时效热处理路线，即从室温升温到（170 ± 10）℃保温 24h，工件空冷后，合金由于获得了更多弥散析出强化相，其力学性能更好地得到优化。

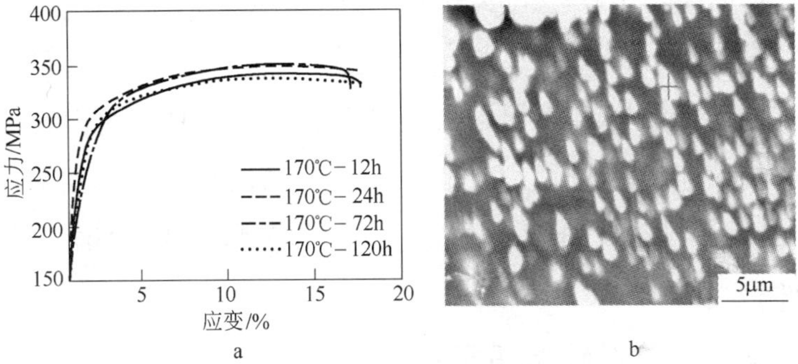

图 3-19　对变形后镁合金进行人工时效处理

a—应力-应变曲线；b—合金组织中的一些弥散析出相

5. 保证工件尺寸与力学性能的协同性

根据锻件的尺寸，特别是锻件的最终厚度差别，获得的锻件的力学性能存在明显的差异。当锻件的厚度约为 15mm 时，合金的力学性能可以突破 280MPa，甚至达到 300 ~ 350MPa；当厚度增加时，合金的力学性能会有一定程度的下降。在大量实验基础上，形成了 G04 合金的技术文件和相应的工艺规程与生产规范，总结了工件厚度与锻件的力学性能的关系。

6. G04 合金表面镀层技术的开发和应用

金属研究所的镁合金课题组开发了满足电控箱零件长期服役要求的表面化学镀镍工艺和镀层：镀层具有良好的耐蚀性，盐雾试验时间大于1200h；在 -40 ~ 80℃ 经 500 次冷热循环变化时无剥落、起皮现象，经过大量实验，已制定了完整的 G04 镁合金化学镀镍工艺规程相关文件，严格地确保产品的质量。

7. G04 合金在空间实际应用方面的阶段性成果

多个型号的有效载荷在研制过程中，根据总体设计需要在实现功能的同时必须尽量轻量化。为减重并同时保证有效载荷的功能，选用了 G04 镁合金作为结构材料及表面镀镍工艺。用 G04 镁合金已经成功制造出多种型号的航天器的部件。

（二）新型常温高塑性变形镁合金

金属研究所研究开发了具有室温高塑性的 Mg-Zn-RE 合金轧制板材产品。在镁合金相平衡热力学原理和相图计算基础上，通过添加适量的稀土元素，如 Y、Nd、Gd 等，优化轧制工艺、中间退火和轧制后的最终退火工艺，研究开发了一系列具有室温高塑性的 Mg-Zn-RE 合金轧制板材。

通过选择合金成分和加工工艺可控制材料的组织和性能，新型高塑性镁合金板材可以进行常温二次成型。该材料塑性好，可高速挤压，大幅度提高挤压生产效率；也可大压下量轧制，提高轧制生产效率。

新合金生产的板材和管材、型材在常温下的塑性高，有效改善了镁合金板材、管材和型材的二次塑性加工性能，有效提高了材料利用率，显著降低用户二次加工的成本。同时，表面处理涂层多样，可满足不同客户对服役环境的需求，应用范围广。可用于制造航空航天军工产品、汽车零部件、3C 外壳（图 3-20）、干电池壳、手电筒壳等。

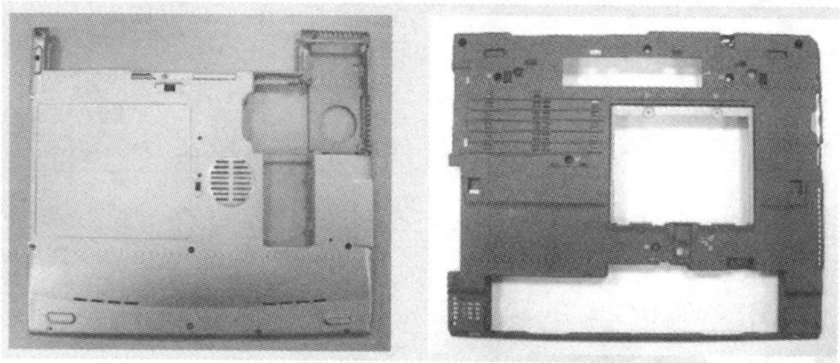

图 3-20　镁合金笔记本外壳

第二节　低成本非稀土镁合金新材料

一、ASZ511Sb 铸造镁合金

ASZ511Sb 铸造镁合金（即 Mg-5Al-1Zn-1Si-0.6Sb）典型的显微组织如图 3-21 所示。该合金可以在 100 ~ 150℃ 温度下使用，耐腐蚀性能优良，在 5% NaCl 盐雾试验中的腐蚀速率较 AZ91D 降低了约 10%。

二、AT72 铸造镁合金

AT72 铸造镁合金以 Al、Sn 为主要合金元素，同时含有

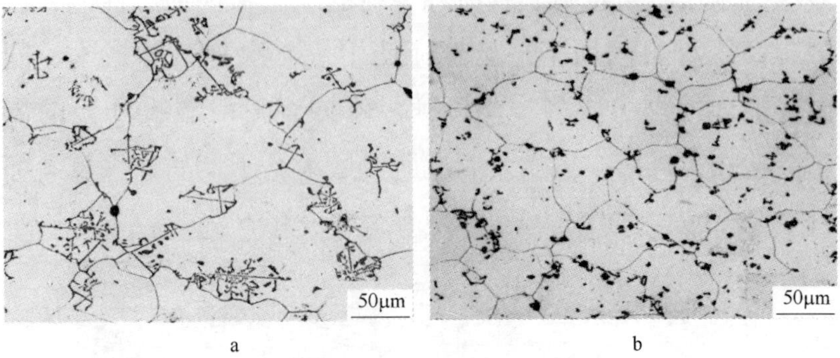

图 3-21 Mg-5Al-1Zn-1Si 固溶处理态合金（a）与 Mg-5Al-1Zn-1Si-0.6Sb 固溶处理态合金（b）

Zn、Mn、RE 等微量元素，合金典型的显微组织如图 3-22 所示。该合金的压铸成型性能较好，与 AZ91D 相当。AT72 合金压铸 T5 态下典型的室温力学性能为屈服强度 125MPa，抗拉强度 225MPa，伸长率 4.5%，其耐腐蚀性能与常规 AZ91D 相当。

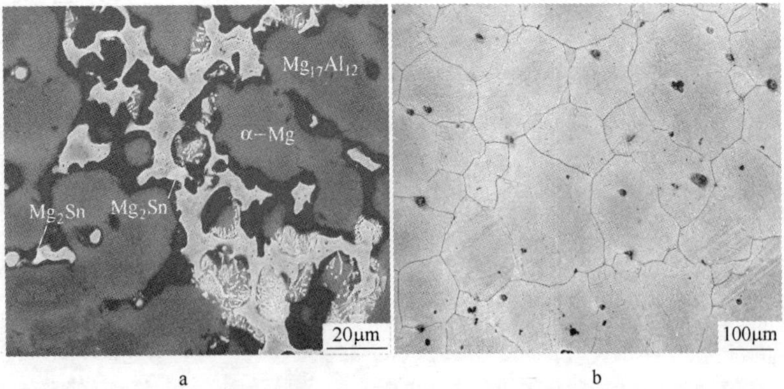

图 3-22 AT72 铸造镁合金典型的光学显微组织

a—铸态合金；b—固溶处理态合金

第三节　镁锂合金研发进展

镁锂合金作为一种特殊的镁合金，除了具备一般镁合金的特性之外，还拥有自己独特的特性：合金密度很低，是唯一密度低于镁基体的镁合金体系，甚至可以低于水的密度；合金的塑性成型性能优良，可进行冷加工成型。

在镁锂合金的发展和制备方面，重庆大学国家镁合金材料工程技术研究中心近年来做了大量工作，取得了重要进展，是目前国内外唯一可以批量提供镁锂合金产品的单位。

一、发展镁锂合金新型无溶剂熔铸装备与规模化加工平台

构建了用工频感应炉在1atm（1atm = 101.325kPa）的氩气保护下熔铸镁锂合金工艺平台，单炉铸锭产量可达到100kg，年产镁锂合金生产能力可达50t以上。实现了无熔剂冶炼，安全可靠。锂的回收率高，成分均匀。采用氩气驱动和保护在箱体内进行浇铸，并通过强制冷却获得组织致密的高质量镁锂合金锭，密度均小于1.60g/cm^3，如表3-14所示。

表3-14　镁锂合金铸锭规格和密度

合金种类	铸锭规格/mm	密度/g·cm^{-3}
LA51	ϕ90～165	1.5788

续表 3-14

合金种类	铸锭规格/mm	密度/g·cm^{-3}
LA91	ϕ90 ~ 165	1.5122
LA141	ϕ90 ~ 165	1.3841
LA141-0.3Y	ϕ90 ~ 165	1.3892
LA141-0.3Sr	ϕ90 ~ 165	1.3866
LA191	ϕ90 ~ 165	1.2334
LA141-0.3Sr-0.3Y	ϕ90 ~ 165	1.3316

二、研究多种合金元素对 Mg-Li 合金组织与性能的影响

通过对金属化合物与合金基体的晶体学界面进行设计与计算，获得了对 Mg-Li 合金铸态晶粒细化具有显著效果的合金化元素和相应的金属化合物，Mg-Li 合金的铸态晶粒细化程度可超过 50%，如图 3-23、图 3-24 所示。

三、研究 Mg-Li 合金塑性变形工艺及其性能

研究了 LA51、LA91 和 LA141 等几种典型 Mg-Li 合金的塑性变形工艺，包括挤压、轧制（横轧、纵轧、交叉轧制），以及在塑性变形过程中典型 Mg-Li 合金的组织演变。LA51 合金的挤压温度为 300 ~ 350℃，LA91 和

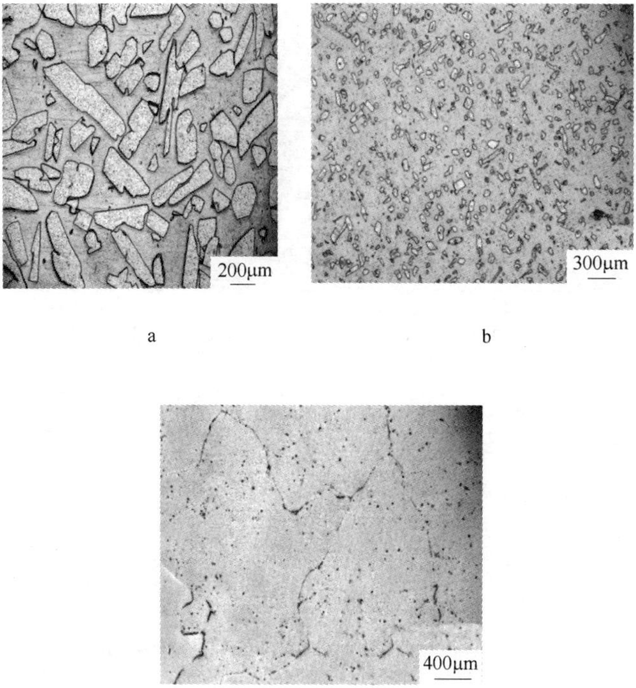

a　b　c

图 3-23　Y 和 Ce 对 Mg-9Li 合金铸态组织的影响

a—Mg-9Li；b—Mg-9Li-0.3Y；c—Mg-9Li-0.4Ce

LA141 合金的挤压温度为 200～250℃，挤压速度可达到 12.5m/min。Mg-Li 合金具有良好的塑性，可在室温下进行冷轧，道次变形量可达到 40%，即使在 -20℃ 低温，道次变形量也可达到 20%。获得了力学性能达到 220MPa，伸长率超过 25% 的镁锂合金棒材和板材，如图 3-25、图 3-26 所示。

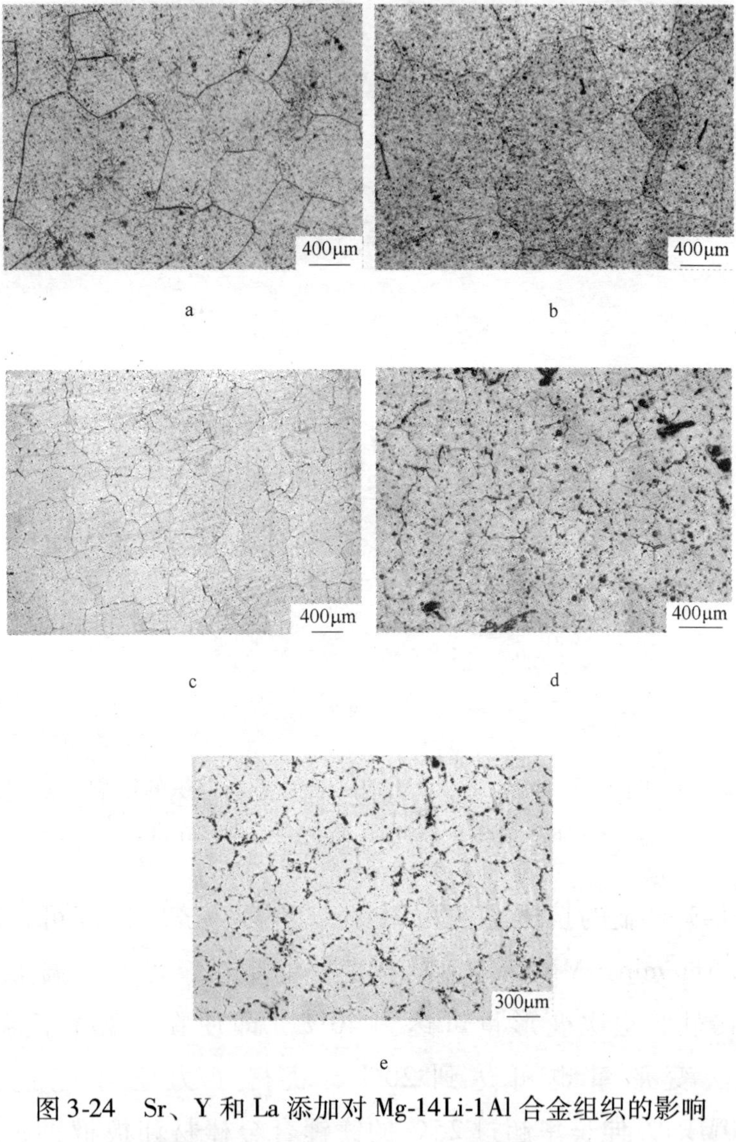

图 3-24 Sr、Y 和 La 添加对 Mg-14Li-1Al 合金组织的影响

a—LA141；b—LA141 +0.3Y；c—LA141 +0.3Sr；

d—LA141 +0.3Y +0.3Sr；e—LA141 +0.3La

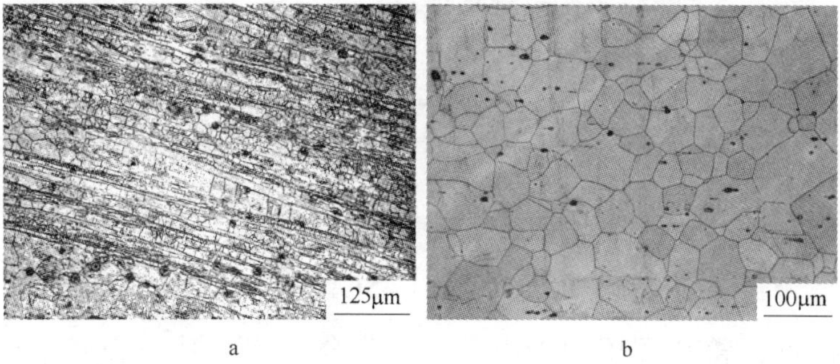

图 3-25　LA91(a)和 LA141(b)镁锂合金挤压棒材的组织

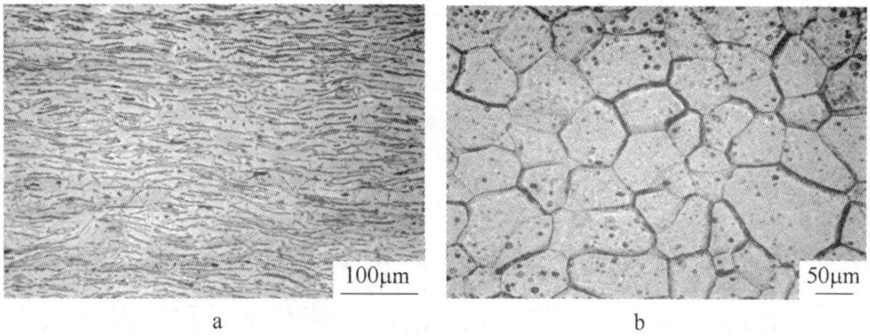

图 3-26　LA91(a)和 LA141(b)镁锂合金板材的组织

第四节　镁功能材料研发新进展

镁合金作为功能材料开发与应用，前景广阔。合金具有突出的功能特性，其典型的功能应用包括镁储氢材料、镁医用材料、镁阻尼材料、镁电池材料、镁阳极材料等，功能镁合金属于高技术新材料，是镁产业的一个新领域。

一、生物医用镁合金及器件

生物镁合金是一种可在体内环境降解的金属材料，与目前临床上普遍采用的其他金属植入材料相比，具有良好的力学相容性和良好的承载能力，其密度（约为1.74g/cm³）与人骨相近，其杨氏弹性模量（45GPa）与人骨（20GP）较为接近，符合理想的骨板要求。镁合金代替其他金属植入材料，能够在骨折愈合的初期提供稳定的力学环境，逐渐而不是突然降低其应力遮挡作用，使骨折部位承受逐步增大直至生理水平的应力刺激，从而加速愈合，防止局部骨质疏松和再骨折，因此可以有效避免由弹性模量不匹配而造成的应力遮挡效应，影响骨组织的正常生长。镁合金具有优良的生物相容性、生物活性和良好的生物安全性，镁是人体所必需的元素，是人体内含量仅次于钾、钠、钙的正离子。镁离子能参与人体的一系列正常新陈代谢，减少血液中胆固醇的含量，防止动脉硬化、高血压和心肌梗死，提高心血管的抗病毒能力。镁合金植入到生物体内的骨组织中后，随着降解的进行，可在骨组织表面形成磷酸盐类物质，周围会有大量成骨细胞生成。骨骼中的镁可促进钙的沉积，促进成骨细胞的增殖及分化，能诱发新生骨组织的形成和生长，加速骨的愈合，且在骨的矿物质代谢中起重要调节作用。镁合金具有可降解特性，其在人体体液作用下会被逐渐降解，且降解产物可被周围肌体组织吸收或通过体液排出体外，故植入后不必取出，避免了二次手术。特别是镁合金血管支架可以生物降解，是医学介入领域最有发展潜力的新型金属材料。因此，生物镁合金具有第三代医用材料的可降解性和生物活性特征，具有其他金属基生物材料和可降解高分子材料所不具备的性能，被认为是极具发展潜力的新型可降解生物医用材料。

（一）新型 Mg-Zn-Ca 生物镁合金

郑州大学课题组开发了一种综合性能优良的新型 Mg-Zn-Ca 生物镁合金，热处理后，其抗拉强度为 210MPa，伸长率为 21%。经挤压变形后，其平均晶粒粒径由 130μm 细化至 50μm，抗拉强度提高至 287MPa。可以看出镁合金的热处理态和挤压态具有高的强度和一定的塑性，综合力学性能满足其作为生物医用材料的要求。体外实验表明，该合金具有良好的耐腐蚀性和生物相容性，这与 Ca 元素对合金的细化以及第二相 $Ca_2Mg_6Zn_3$ 对合金的作用密不可分。课题组还开发了血管支架用 Mg-Zn-Y-Nd 合金，经挤压后合金的抗拉强度高达 292.6MPa，屈服强度为 168.2MPa，伸长率为 21.2%，满足了其作为血管支架材料的性能要求。

在骨固定器械应用领域中，镁合金中合金元素毒性、过早的腐蚀及二次骨损害等仍是值得关注的问题，还需要进行全面而深入的研究。

（二）镁合金 ϕ6mm×0.5mm 精密管材

2007 年西北有色院与重庆大学合作，针对 AZ31、WE43 等镁合金采用冷轧工艺成功加工出最小规格为 ϕ6mm×

0.5mm 的晶粒细小、综合性能优良的精密管材样品，利用激光刻蚀技术成功雕刻出镁合金血管支架样品。目前国际上已经有了 ϕ6mm 以下的镁合金管材，但主要采用挤压工艺或将棒材通过机械加工的方法来获得细径薄壁管材，设备要求和成本较高。

（三）镁合金骨板和骨钉

中科院沈阳金属研究所设计开发的可降解镁合金骨板和骨钉如图 3-27 所示，并进行了镁合金骨的动物植入实验，实验动物为大白兔，最长植入时间为 18 周。研究发现镁在体内以一定速度降解，镁周围不断有新骨组织生成；不同体液环境下降解速度不同；血常规及镁、钙、磷含量分析未见明显异常；主要脏器病理分析未发现病变，表明镁降解未产生毒性。

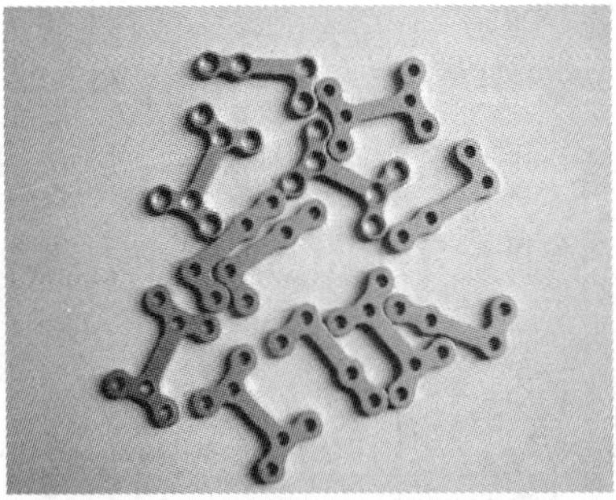

a

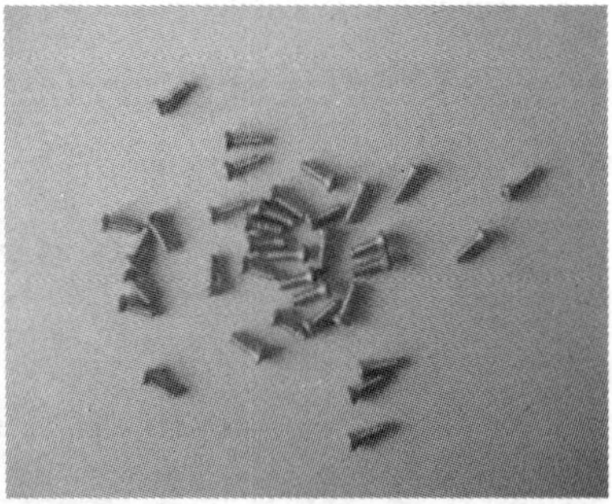

b

图 3-27 可降解镁合金骨板（a）和骨钉（b）

中科院金属研究所利用镁合金的可加工性能，采用激光打孔或机械钻孔等方法，制备出孔隙结构规则、力学性能明显高于铸造法和粉末冶金法的多孔镁材料，制得镁合金开孔率达 100%，孔隙率和孔径可调，如图 3-28 所示。通过对其进行表面改性处理，并植入到动物骨缺损中后发现，新生骨可以长入多孔镁的孔结构内，这有利于骨修复过程。随着多孔镁的降解，新骨逐渐生成并占据降解部位。

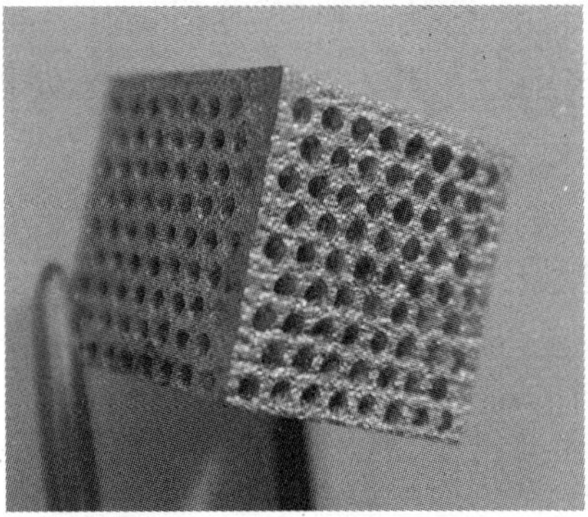

图 3-28　镁合金激光加工多孔支架

可降解镁合金心血管支架。2009 年中科院金属研究所和中国医科大学第一附属医院合作研制的“可降解镁合金心血管支架”经植入动物体内实验发现，这种镁合金支架随着血管结构重塑的完成，可通过缓慢有序降解无毒害作用的方式在体内完全降解，避免了目前临床使用的不锈钢支架和合金支架因需二次手术或长期存留于血管壁内而导致的内膜增生及再狭窄发生。这对意外事故致伤残及患有先天性心血管疾病的婴儿、青少年等具有非常重要的治疗意义。

（四）研究新型（JDBM）可降解镁合金的生物相容性、强韧性和降解性能及其应用

上海交大镁基生物材料实验室主要从生物安全性、高强韧性和降解行为可控性三个方面入手，研究了新型可降解生物镁合金 Mg-Nd-Zn-Zr(JDBM)的生物相容性、强韧性和体外及体内降解性能；开发研制出 JDBM 骨植入物（骨板、骨钉）、骨组织工程支架及心血管支架；并针对骨植入物和心血管支架的不同用途，开发出相应的表面处理技术，用于提高材料的生物相容性和耐蚀性能。

二、镁基能源材料研究进展

（一）纳米镁基储氢材料研究

镁具有贮氢的作用。镁在常压下 250℃左右和 H_2 作用生成 MgH_2，在低压或稍高温度下又能释放出氢，是非常优秀的金属储氢材料。纯镁的质量储氢量高达 7.6%，即 10kg 镁中可以储存 0.67kg 的氢，是所有可利用的金属储氢材料中储氢量最高的金属。把氢储存在镁合金中，可以控制释放的速度，保证利用的安全性。释放需要加热，目前研究人员已经把加热温度从 300℃降到了 150℃，但温度仍然较高，还需要继续研究镁的合金化和纳米化，争取降到 100℃以下，即不高于燃料电池工作的温度。

上海交大针对镁储氢温度高、充放氢的速度慢，导致镁储氢的实用性较差的缺点，开展了纳米尺度镁储氢材料的研究，利用纳米材料的尺度效应，通过改善镁的热力学

和动力学特性，实现了低温快速充放氢。研制了等离子体气相沉积纳米金属粉体制备装置，采用氢等离子体在真空中使金属气化并沉积，通过控制功率、气氛等参数，获得纳米尺寸的金属粒子。纳米镁粉的尺度在50～500nm之间，具有非常高的表面活性，在PCT充放氢测试中储氢容量达到6.2%以上，接近理论储氢容量。充放氢试验表明，纳米镁粉的充放氢温度和速度显著降低。用镁合金来储存氢的技术，未来可以推广到汽车领域，成为汽车新动力。

（二）镁电池开发

由于镁的电极电位低，具有非常优秀的电化学性能，可以作为一次电池和二次电池应用，可用于制作各种高容量电池。镁还具有同锂相似的物理化学性质，且镁电池无毒，对环境无污染，安全性高，容易操作。更为重要的是，镁的资源储量非常丰富，价格也便宜，作为电池材料具有极大的优势。研究与开发应用的镁电池有：镁干电池、镁可充电电池、镁海水激活电池、镁溶解氧电池、镁空气电池、镁燃料电池、镁水电池等，并已经在军事上得到了应用。上海交通大学重点开展了可充镁电池、镁空气电池和高性能镍氢电池（含镁）的研究开发工作。在可充镁电池中，重点发展了正极材料和电解液的成分设计和制备工艺，目前发展的MgCuMoS体系正极材料和有机电解液体系，比容量可以达到130mA·h/g以上，与目前商用锂离子电池的容量相当，并且循环稳定性和衰减性能都非常优秀。这一体系的可充镁电池研究处于世界先进水平，今后将逐步进入小试阶段。在金属空气电池（锌空、锂空、铝空）的基础上，提出了金属氢化物空气电池的概念，其理论容量可以翻倍，结合已开发的低成本金属氢化物制备工艺，已经开发出金属氢化物空气电池原型。

第四篇

镁加工技术与装备

第一章　铸造镁合金成型技术与装备

镁合金对铸造工艺的适应性很强，所有的铸造方法如砂型铸造、永久型铸造（如金属型铸造）、半永久型铸造、壳型铸造、熔模铸造和压铸都可以用来生产镁合金铸件。其中，砂型铸件、金属型铸件和压铸件比熔模铸件和壳型铸造铸件的应用更广泛。

第一节　压　　铸

1916 年美国 DOW 化学公司首次研究开发出压力铸造技术（简称压铸），具有高效率、自动化且适合大批量生产金属材料零部件等特点，适合于铝、镁和锌等有色合金零部件的制造，基本原理是液态或半液态金属在高压下以较快速度充填到模具中，并在压力作用下凝固而获得所需铸件。压铸常被称高压铸造，以区别于重力铸造和低压下的永久型铸造。

一、压铸镁合金体系

目前已有的压铸镁合金有 AZ、AM、AE 和 AS 系，由于铝能提高镁合金的铸造性能、强度和抗蚀性，从而是压铸镁合金最主要的合金化元素。大多数压铸镁合金为含铝镁合金，铝含量（质量分数）一般为 3% ~9%。锰则能提高镁合金的抗蚀性。中国的压铸镁合金牌号为 YM5，成分为 Mg-(7.5% ~9.0%)Al-(0.2% ~0.8%)Zn-(0.15% ~0.5%)Mn(JB3070-82)。

二、压铸设备

液态金属压铸机及专用熔炉是镁合金压铸最主要的设备。压铸机又分冷室压铸机和热室压铸机，质量小于 1kg 的铸件采用热室压铸机，超过 1kg 的采用冷室压铸机。

（1）热室压铸机：是压射单元与熔炉组合成为主机的一个部分，被压射的金属液可以较容易地在一个封闭管道内流动，避免了金属液氧化、燃烧和成渣，将热损失降低至最低程度。在热室压铸过程中，压射冲头、冲头环、压室和鹅颈浇壶等零件始终浸泡在金属液中。压铸机的生产效率高(每小时可压铸 100 次以上)，金属液的热损失少，是压铸小型镁合金薄壁件的主要选择，通常选用锁模力低于 400t 的机型为宜，机型越小，优点越突出。目前，镁合金和铝合金铸件已广泛采用热室压铸。压射压力大于 20MPa,空压射速度大于 6m/s。

（2）冷室压铸机：压室与保温坩埚是分离的。压铸时从保温坩埚中舀取金属液倒入压铸机压室进行压射。压室和冲头间歇式地与金属液接触，工作条件较好。根据压室与压射机构的相对位置，可分为立式压铸机（垂直放置）和卧式压铸机（水平放置）。一般来说，为铝合金设计的冷室压铸机也能用于镁合金。镁和铝两者的重要差别是密度和比热容不同，镁的密度小、惯性小，在相同的压力下流速较快，从而在同一模具中镁合金的充填时间比铝合金短。对于流程长的镁合金薄壁工件，要求充填时间非常短，所以，一些镁合金压铸机要求注射设备的最大柱塞速度超过10m/s，铸造静压力30~70MPa。

冷室压铸机的压射压力和压射速度均比热室机高，适合于生产对强度、刚度和致密性都有要求的受力件、安全件和复杂结构件。通常冷室压铸机的锁模力最大可达4500t。因此，大型工件都采用冷室压铸机进行生产。由于压室与熔炉分离，需增加一个人工或自动浇料程序，对小件而言，生产率比同吨位的热室机稍低。冷室机的工艺指标为：压射压力大于50MPa，增压时间20ms（大型机可稍微长些），空压射速度大于8m/s。表4-1列出了冷室压铸机与热室压铸机工艺的比较。

表4-1 冷室压铸与热室压铸工艺比较

项　目	热室压铸	冷室压铸	项　目	热室压铸	冷室压铸
设备吨位/kN	3150	6000	表面质量	好	有飞边
比压射压力/MPa	200	400	模具寿命/次	600000	约400000
压射频率/次·h^{-1}	150	200	材料回收量/%	40	—
最小壁厚/mm	0.6	1.2			

第二节 镁合金的半固态成型

美国麻省理工学院在20世纪70年代初发明了半固态成型技术，其本质是将金属熔体在凝固过程中由于受到强烈搅拌而形成的一种含有一定固相颗粒的固液混合浆料进行成型的技术。

半固态成型工艺具有如下特点：

（1）成型温度低，节能，对模具的热冲击小，模具寿命提高；

（2）半固态浆料成型压力低，制备大件容易，成型快；

（3）工艺简单，铸件尺寸精度高，减少加工量，可生产薄壁零件；

（4）铸件组织微细且均匀，减轻了铸件内部的气孔、疏松、偏析等缺陷，铸件力学性能优异；

（5）适用范围广，容易实现连续化和自动化生产，过程可控性较强。

第三节 挤 压 铸 造

挤压铸造的概念最早出现在1819年的一项英国专利中，第一台挤压铸造设备于1931年诞生在德国，随后在苏联得到广泛应用，但直到20世纪60年代才开始在北美、欧洲和日本获得应用。北美压铸协会（NADAC）对挤压铸造的定义为：采用低的充型速度和最小的扰动，使金属液在高压下凝固，以获得可热处理的高致密度铸件的铸造工艺。研究表明，当充型速度小于2m/s、充型压力大于70MPa时，即可获得较好的铸件。

合金熔体被倒入模具的型腔内，在挤压铸造机头（也称冲头）的机械压力作用下被挤压成型，并在压力作用下凝固，如图4-1所示。工艺特点是：铸件组织致密甚至可达到完全致密，气孔、疏松、缩孔等缺陷少，晶粒组织细小均匀，力学性能有时可达到合金锻件的水平；铸件在压力状态下凝固成型，可以防止铸件变形开裂；工艺简单，操作方便灵活，自动化水平高，成品率高。该技术可用于生产强度高、气密性好的壁板类铸件，如各种阀体、机架、汽车轮盘、车门等，铸件质量从几十克到三十多千克。

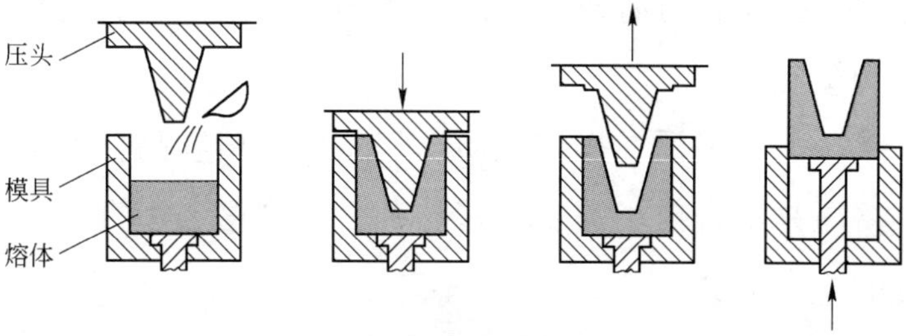

图4-1　挤压铸造工艺原理

第二章　镁合金塑性加工技术与装备

当前，镁合金产品以铸造件特别是压铸件居多，然而，镁合金铸造件存在晶粒粗大、力学性能较差、易产生缺陷等缺点，大大限制了镁合金的应用范围。通过塑性加工可以有效地改善镁合金微观组织，提高材料的力学性能。对镁合金塑性加工技术的研究已成为当今镁合金研究和发展的主要方向，通过锻造、挤压、轧制、拉拔以及冲压等塑性加工工艺制备的镁合金材料及部件具有更高的强度、更好的延展性和更多样性的力学性能，为镁合金的广泛应用奠定了坚实的基础。

第一节 镁合金挤压

挤压具有比锻造、轧制更为强烈的三向压应力状态，金属可发挥最大的塑性。对塑性变形能力较差的镁合金尤为重要，通过挤压，可有效细化镁合金的晶粒组织，提高合金的强度和塑性。

挤压工艺灵活，操作方便。产品尺寸精度高，表面质量好。挤压是适合市场需要的多品种、多规格、小批量、短期交货的生产方式。

一、挤压设备和模具

镁合金的挤压设备和铝合金的挤压设备基本相同，其挤压方法也分为正向挤压和反向挤压。与正向挤压相比，反向挤压具有锭坯与挤压筒壁间无摩擦，挤压力小，挤压件表面质量好等优点。

镁合金挤压模和铝合金挤压模的结构也基本相同，实心断面采用开口的板状模具，空心断面则可采用分流模具。

二、镁合金挤压型、棒材的生产工艺流程

镁合金挤压型、棒材的生产工艺流程如图 4-2 所示。

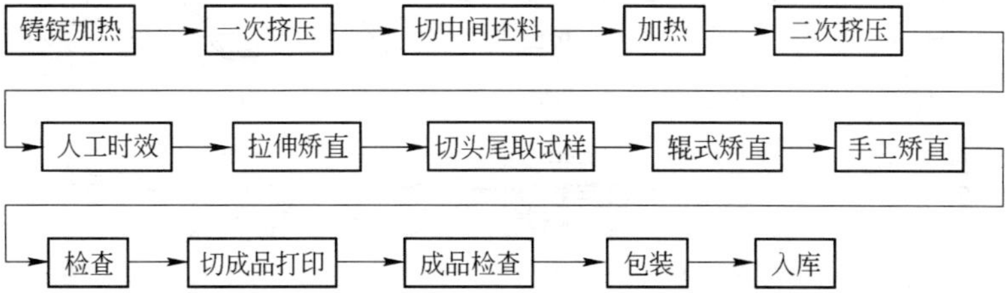

图 4-2　镁合金挤压型、棒材生产工艺流程

镁合金挤压成型的主要工艺参数包括锭坯温度、模具预热温度、润滑剂、挤压速度、挤压比等。这些参数的选择是否正确，对镁合金能否成功挤压以及挤压制品的组织性能和技术经济指标都有很大的影响。

第二节　镁合金轧制

变形镁合金板材在电子、通讯、交通、航空航天等领域有着十分广泛的应用前景，但目前镁合金板材的应用仍然受到很大限制，其产量和用量均远不及钢铁及铝、铜等有色金属。制约镁合金板材发展的因素主要有两个，一是大部分镁合金的室温塑性变形能力较差，且轧制板材中存在严重的各

向异性；二是镁合金板材的制备工艺不够成熟，力学性能还需进一步提高。

一、镁合金轧制工艺流程

镁合金板材的生产工艺流程如图 4-3 所示。

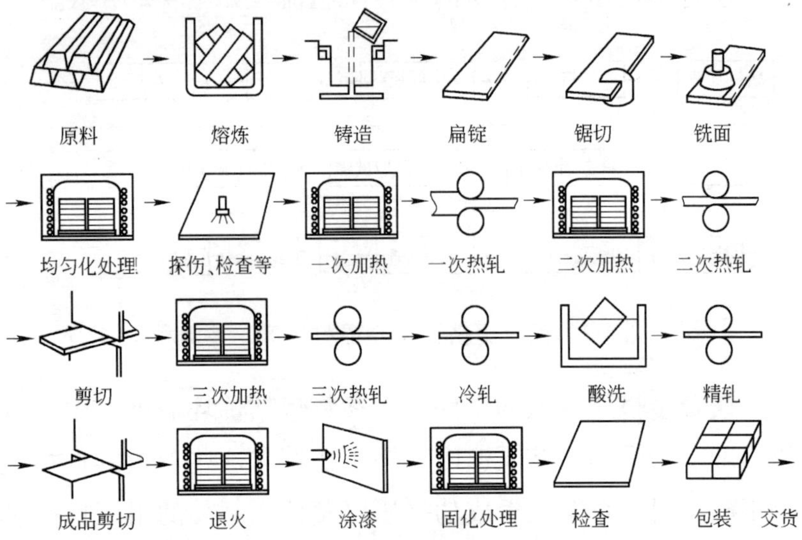

图 4-3 镁合金板材的生产工艺流程图

轧制设备与铝合金相似。镁合金轧制用的坯料可以是铸坯、挤压坯或锻坯。锭坯在轧制前要铣面，除掉表面缺陷。塑性加工性能较好的镁合金如 Mg-Mn（w(Mn) > 2.5%）和 Mg-Zn-Zr 合金可直接用铸锭进行轧制，但轧制前一般应在高温下进行长时间的均匀化处理。对含铝量较高的 Mg-Al-Zn 系镁合金，用常规方法生产的铸锭轧制性能较差，因此常采用挤压坯进行轧制。

二、热轧

镁合金的冷加工性能较差，但在热态下大部分镁合金都有较好的轧制性能。热轧时的道次压下量通常控制在10%～25%。加热一次后可多道次轧制。热轧多采用2辊轧机，大批量生产时常用3辊或4辊轧机。为改善板材性能，轧制时通常使用润滑剂，可将质量分数为2%的调水油均匀地喷涂于加热的轧辊表面。为防止粘辊，可用猪油、石蜡、硼氮化合物或石墨加四氯化碳溶液作为润滑剂。

三、卷绕

为便于加工和运输，板材通常需进行卷绕。卷绕时，外侧表面受拉应力作用，内侧表面则受压应力作用。板卷半径不能过小，板材硬度也不能太高，否则，将产生孪晶带和粗大晶粒，热轧和冷轧过程变形均十分困难。

四、冷轧

冷轧能力取决于合金成分及热轧工艺和热轧板组织。为防止轧制开裂，应严格控制道次压下量及冷轧总变形量。通常AZ31的冷轧总变形量可达16%，而MAI镁合金的冷轧总变形量则可达50%以上。

对合金化程度较高的难变形镁合金，可采用温轧成型，即开轧温度控制在230℃左右。当压下量为25%时，轧后板材温度约为150～160℃，在卷绕前需将其冷却至120℃

以下。

五、双辊铸轧

双辊铸轧技术是冶金及材料领域内的一项前沿技术。它是以两个逆向旋转的轧辊作为结晶器，将熔融状态下的金属液体浇入由铸辊和侧封板围成的熔池中，直接铸轧成薄带的新工艺。该工艺是金属凝固和轧制变形的有机统一，即液态金属在结晶凝固的同时承受塑性变形，在很短的时间内完成从液态金属到固态薄带的全部过程，取消了传统的热轧工序。双辊铸轧薄带的工艺过程如图 4-4 所示。

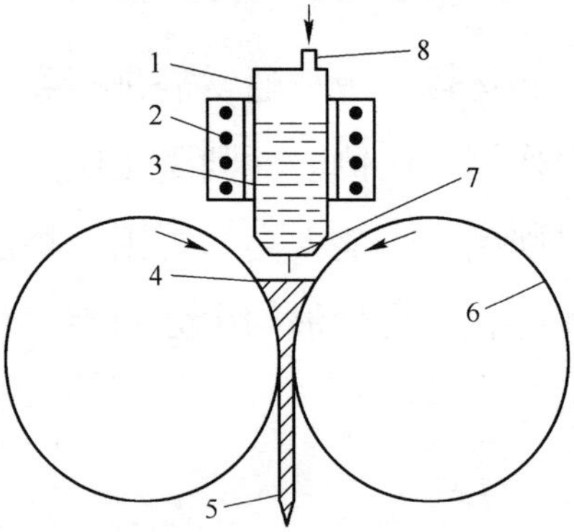

图 4-4　双辊铸轧薄带的工艺过程示意图

1—熔体容器；2—加热线圈；3—熔体；4—熔池；5—薄带；
6—辊；7—喷嘴；8—加压 Ar_2 气入口

铸轧工艺的特点是简化生产工艺，缩短生产周期，节约能源；减少设备投资，降低生产成本；铸轧出的薄带可以得到理想的微观组织和良好的力学性能。

中铝洛铜镁板厂和山西闻喜银光华盛集团先后也成功地进行了变形镁合金的铸轧成型。通过实验获得了 1 ~ 3mm 不同厚度的 AZ31 薄板，且组织性能良好。

第三节　镁合金锻造

锻造是一种借助工具或模具在冲击或压力作用下加工金属机械零件或零件毛坯的方法。锻造工艺作为一种近净成型技术，是一种提高材料性能的理想方法。与其他加工方法相比其特点是锻造加工的生产率高，锻件形状和尺寸的稳定性好，并有优良的综合力学性能；锻造变形可消除材料内部缺陷，如锻（焊）合孔洞，压实疏松、破碎碳化物，使非金属夹杂沿变形方向分布，减弱或消除成分偏析，从而获得均匀、细小的晶粒组织。

锻造工艺能够大大拓展镁合金轻质材料的应用前景。镁合金车轮是一个典型实例。锻造镁合金车轮由于力学性能优异且无内部缺陷，可使壁厚减薄，获得极佳的减重效果。

镁合金锻造工艺分为自由锻造和模锻，按锻造温度分热锻、温锻和冷锻。由于镁合金的冷加工性能差，一般采用热锻。

镁合金模锻开发的新技术分为等温锻造和等温精锻。等温锻造与常规锻造的不同点在于它消除了毛坯与模具之间温度差的影响，使热毛坯在被加热到锻造温度的恒温模具中以较低的应变速率成型，有效降低了模锻时的变形抗力，可在小型设备上实现较大锻件的成型，也使复杂锻件的精锻成型成为可能。这项技术也是目前国际上实现净成型或近净成型的重要方法之一。

等温锻造的工艺特点是，一般在运动速度较低的液压机上进行。可根据锻件的外形特点选择合理的应变速率；坯料一次变形程度很大，再配合适当的热处理可使锻件获得非常细小而均匀的晶粒组织；能使形状复杂、壁薄、筋高和薄腹板类锻件一次模锻成型，能达到近净成型，降低材料消耗，缩短周期和降低费用的目的。

第四节　镁合金拉拔

金属坯料靠拉力作用通过锥形模孔使断面缩小，以获得与模孔尺寸、形状相同的制品的塑性加工方法称为拉拔（图4-5），拉拔是线材、棒材、管材和型材的主要生产方法之一。

拉拔加工虽然一道次的加工率不太大，但其产品的尺寸精确、表面粗糙度低，特别是线材、管材拉拔易于实现高速化、连续化生产，生产效率较高，主要用于轧制制品和挤压制品（如线

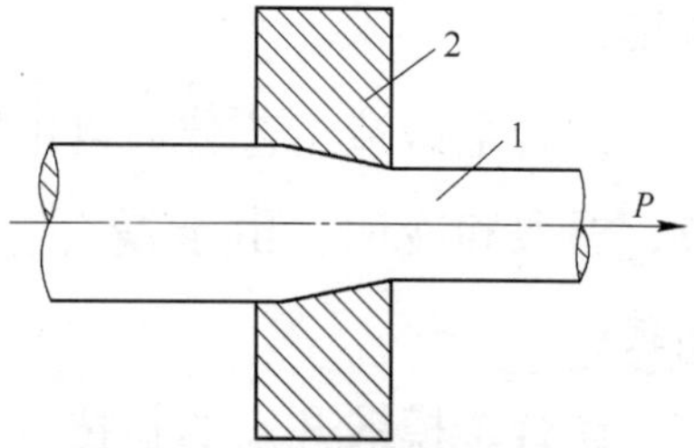

图4-5　拉拔过程示意图

1—工件；2—模具

材、管材和型材）的深加工。

第五节 镁合金超塑成型

超塑性是指在一定条件下超出一般塑性指标的金属特性。一般情况下金属变形时的伸长率均小于100%，而具有超塑性的金属在超塑条件下的伸长率可达到百分之几百甚至几千，且变形抗力非常小。

超塑成型是指利用材料在一定条件下的超塑特性，即在一定的温度、变形速度和显微组织下进行大变形加工的一种成型方法。

近几年随着IT、汽车、航空航天等工业领域对镁合金的需求增加，带动了镁合金研究的热潮，镁合金超塑性引起了世界各国研究者的极大重视。目前，镁合金超塑性的研究在超塑性能及变形机理方面已取得了很大成绩，而且一些超塑性镁合金已经开始应用于工业中。

第三章 镁合金加工成型技术与装备研发新进展

第一节 镁合金铸造

一、镁合金铸件计算机辅助设计制造技术

上海交通大学通过对镁合金铸件三维建模模拟实际工况

下的应力状态，以均衡铸件受力状态为目的对其结构进行调整（图4-6）；经过多次测试与反馈后，目前，已经建立起了常规以及新研发的镁合金计算机模拟的热物性数据库，镁合金铸件的计算机模拟结果与实际成型结果已经十分吻合。

图4-6 镁合金轮毂有限元强度分析

a—初始方案造型；b—刹车工况下的应力分布；

c—改进方案；d—刹车工况下的应力分布

二、复杂铸件精密砂型铸造技术

上海交大利用树脂砂的固化速度快与溃散性好的优点，开发了适合于树脂的制芯工艺、复杂型腔的组芯技术与型砂阻燃剂等独特技术，形成了镁合金精密砂型铸造技术，并成功用于大型件、薄壁件和复杂件的生产。

(1) 复杂铸件的组芯技术：利用计算机技术，把复杂型腔拆分成多个相对简单的砂芯，分别把各个砂型制备出来，然后拼装，组合成一个完整型腔，优点是组芯效率高、重复性好。如V6发动机缸体的砂型模具就由多达37套砂芯组合而成，如图4-7所示。

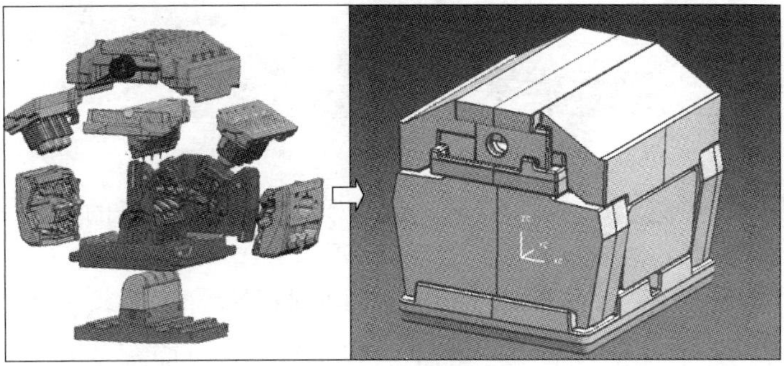

图4-7 多砂芯设计与组装

(2) 冷芯盒射芯技术：上海交大自主开发了环保型的CO_2固化树脂砂冷芯盒射芯装备与工艺，可快速制出组芯所需的各个砂芯，同时砂芯的尺寸精度高，可达(100±0.1)mm，表面光洁，砂芯致密，强度高，如图4-8所示。

(3) 型砂阻燃剂与阻燃技术：上海交大采用球磨工艺开发了一种具有亚微米尺寸的多组分阻燃剂，把这种阻燃剂与型砂按一定比例混合均匀，即可在铸造过程中有效地阻止型砂与镁的反应，有利于延长低压铸造的保压时间。

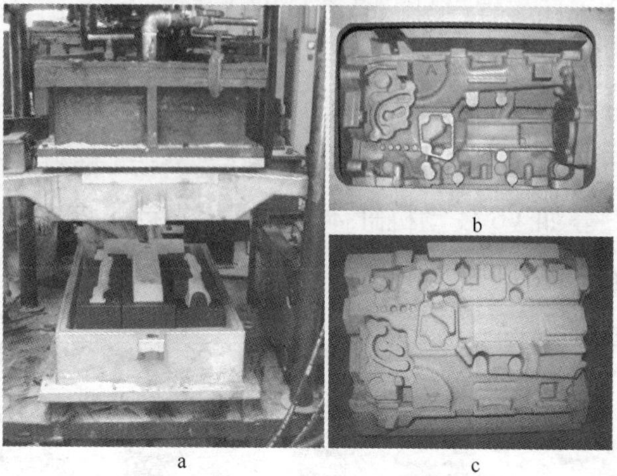

图 4-8 冷芯盒射芯装备(a)、砂芯模具(b)和所制备的砂芯(c)

(4) 大型复杂铸件的低压铸造技术：上海交大开发了新型环保镁合金保护气，替代工业上温室效应显著的 SF_6 和 CO_2 混合气体作为加压气源，低压铸造中采用低熔点金属熔化自动封闭技术，避免使用橡胶或者石棉等，封闭效果好，保压压力从通常的 0.2atm（1atm = 101.325kPa），提高到 0.5 ~ 0.55atm，显著减少铸件的收缩类缺陷，保证凝固组织致密化。

(5) 镁合金涂层转移法制芯技术：上海交大发明了镁合金专用的非占位式转移涂层技术。先将涂料涂在模样表面上，然后在涂料上面充填造型材料，固化后涂层自发地转移至型芯表面，涂层完整地复制了模型表面的形状和粗糙度，使砂型铸造的尺寸精度达到(600 ± 0.3) mm，粗糙度达到 R_a = 3.2μm，工艺原理与典型应用如图 4-9 所示。

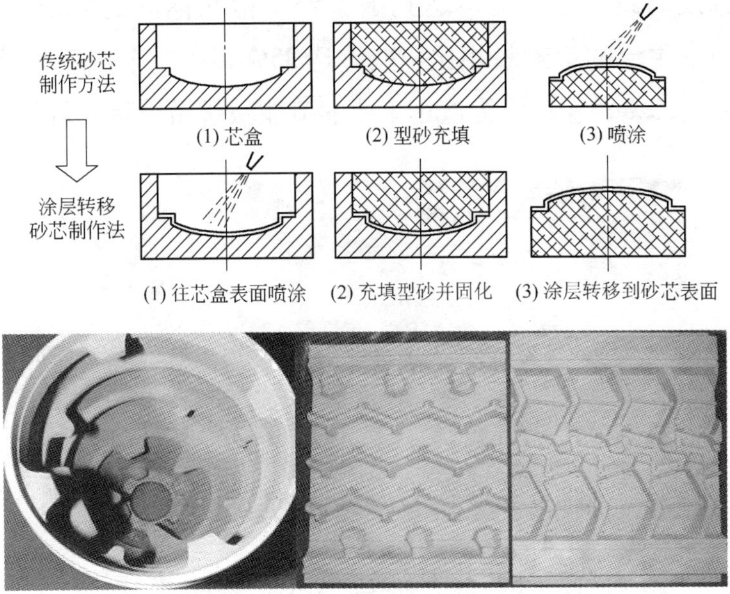

图 4-9　涂层转移法铸造的低粗糙度的镁合金导弹壳体内表面和轮胎模具

三、双联式低压金属型铸造技术

上海交大为提高镁合金铸件的成型率，改善熔体质量，将镁合金熔体净化技术、气氛保护技术、熔体转移技术结合在一起，开发出一种双联式镁合金低压成型技术与装备单元（图 4-10），既保证了合金液的高纯净度，又实现了“高精度、低粗糙度、高致密度”的镁合金金属型和砂型铸件制造。该工艺已成功用于多种汽车用镁合金关键部件的研制与生产，如采用 JDM1 合金与双联式低压铸造技术相结合成功开发了高性能汽车轮毂，并实现了技术转移与批量化生产。

所开发的镁轮毂性能可达到国家台架检测标准的4倍以上，与目前主流的铝轮毂相比，减重达25%以上，节油效率达到10%～20%，相信将为汽车工业的节能减排做出重要贡献。

图4-10 镁合金双联式低压铸造系统

四、高集成度真空压铸技术

上海交大对AZ91D和JDM1合金的真空压铸技术进行了系统研究。结果表明，真空压铸可以明显降低镁合金压铸中孔洞的含量，改善了合金铸件行腔的填充过程，提高了合金的密度。但真空压铸工艺本身不能改善压铸件热处理后的力学性能，真空压铸AZ91D合金中仍然存在一定量的显微缩松。显微缩松较少的AZ91D合金经过T6处理后的室温抗拉强度可以超过300MPa，而含有显微缩松的AZ91D合金的抗拉强度仅有200MPa。与重力铸造JDM1相比，真空压铸的屈服强度明显提高，近30MPa，达到180MPa以上，真空压铸技术为JDM1压铸件热处理提供了可能。

五、压铸镁合金的连续熔化定量浇注炉

镁合金的压铸单元主要由压铸机、熔化定量浇注炉、模具（模温机）、取件机械手、浇注系统冲切机和在线质量检测等部分构成。就压铸镁合金熔化定量浇注炉而言，中国在20世纪几乎完全依赖进口。“十五”期间在国家科技攻关计划的支持下，重庆硕龙公司等企业突破了一系列关键技术，实现了压铸镁合金熔化定量浇注炉的国产化，如图4-11、图4-12所示。

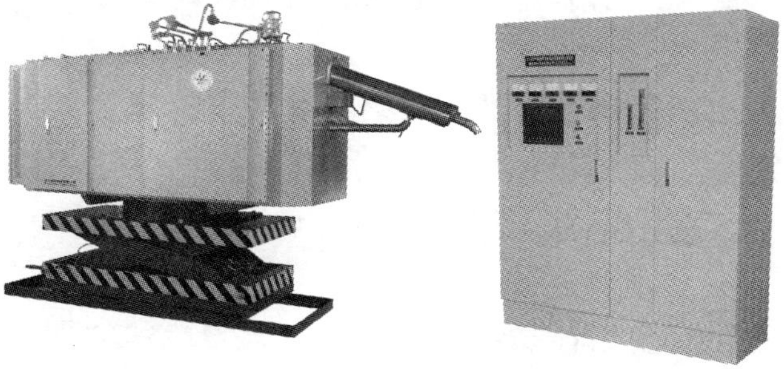

图4-11　镁合金冷室压铸电热连续熔化定量浇注炉

镁合金压铸件生产是一个高能耗的加工过程，其中，熔炉能耗占了大部分。因此，降低镁合金压铸能耗及生产成本控制首先应关注熔化定量浇注熔炉的能耗及能源成本。压铸炉的能耗及能源成本主要取决于熔炉使用的能源形式、加热技术和炉体保温效果。

除电外，镁合金压铸炉还可使用天然气、发生炉煤气等相对价廉的能源。根据现行能源价格体系，单位有效热值的

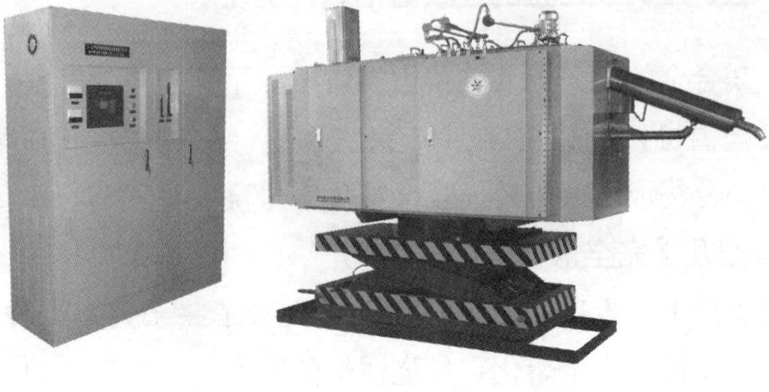

图 4-12 带烟气余热利用的镁合金冷室压铸燃气连续熔化定量浇注炉

成本计，以电最高，天然气次之，煤气最价廉。

六、镁合金电磁连铸

由于镁合金熔体易燃、易氧化，成为镁合金加工材制作的瓶颈。因为镁合金的氧化膜体积小于原形成氧化物膜前的体积，氧化膜多孔，不能形成有效的保护层，所以在空气中继续氧化。镁合金熔体氧化时放热，极易燃烧。由于镁合金熔体氧化膜的密度略高于镁合金熔体，且多孔，所以镁合金氧化膜易悬浮在熔体中，成为夹杂。这是镁合金质量低下的主要原因。

为了去掉氧化物夹杂，大部分企业采用大量溶剂，因此铸锭中易产生溶剂夹杂，铸锭表面质量低下。东北大学为了提高镁合金铸锭的质量，避免和减少氧化物夹杂、溶剂夹杂的产生，采用低频电磁铸造的原理，在国内首先研制开发出镁合金电磁连铸新技术。

（一）镁合金电磁铸造原理

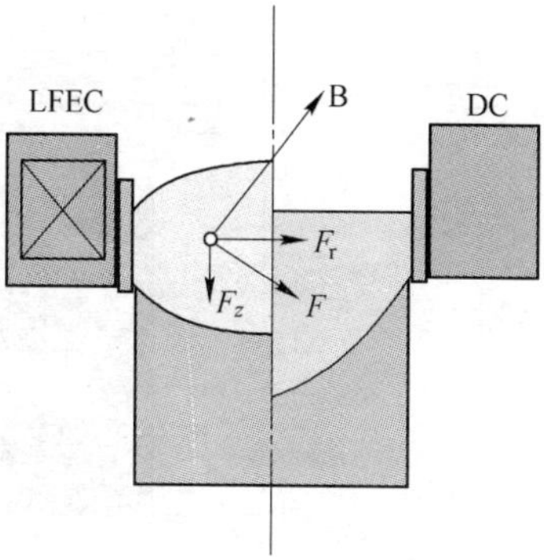

图 4-13 镁合金电磁铸造原理

图 4-13 演示了镁合金电磁铸造的原理，电磁场产生的洛伦兹力可以分成两部分：一部分为有势力，平衡熔体的压力，形成弯月面，使熔体与结晶器壁的接触面积和接触压力减少，可以使润滑油充分润滑铸锭表面，提高铸锭的表面质量；另一部分为有旋力，在熔体内部形成搅拌，加快熔体散热，提高冷却速度，细化组织，同时搅拌产生熔体的激烈流动（图 4-14），可以使温度均匀（图 4-15）。同时使合金元素均匀分布，改善合金元素的宏观偏析。

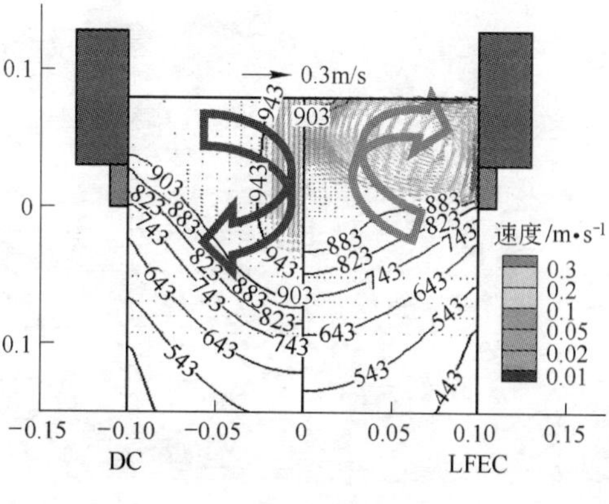

图 4-14 DC(左)与电磁(右)铸造的流场

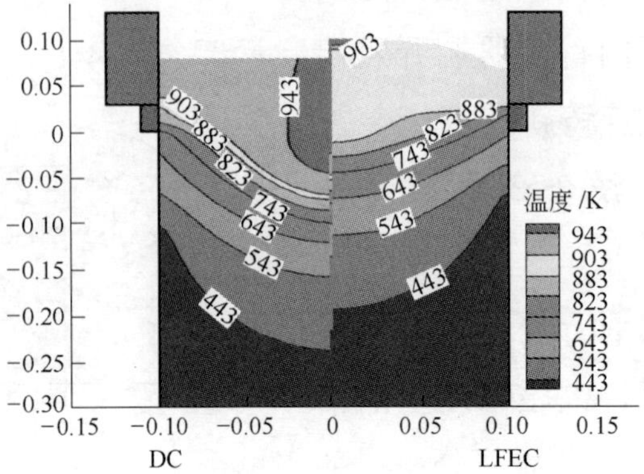

图 4-15 DC(左)与电磁(右)铸造的温度场

(二) 采用电磁铸造镁合金锭坯的优点

(1) 晶粒细化，均匀化。ϕ300mm 的 AZ31 合金，DC 和电磁铸造的铸锭组织见图 4-16。铸锭边部晶粒尺寸由 1200μm 降到 600μm，中心部位晶粒尺寸从 1600μm 降

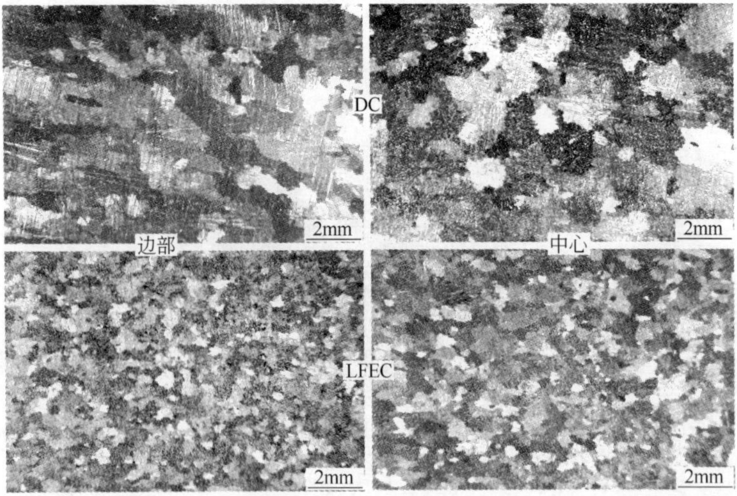

图 4-16 直径为 300mm 的 AZ31 镁合金铸锭的微观组织比较

到 800μm。

（2）合金元素的宏观偏析改善。图 4-17 是 DC 铸造和电磁铸造的镁合金铸锭的合金元素分布比较，可以看出，施加电磁场后，合金元素分布趋于均匀，宏观偏析得到显著改善。

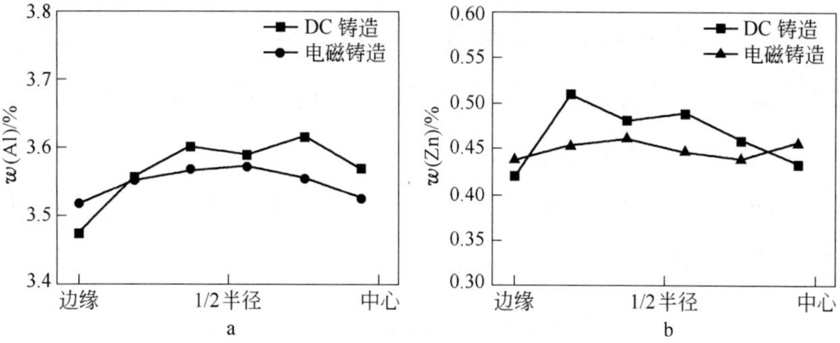

图 4-17 直径为 300mm 的 AZ31 镁合金铸锭的合金元素分布

a—Al；b—Zn

（3）表面质量改善。铸锭的表面质量可以用铸锭的铣面量来衡量，见表 4-2。该表比较了金 DC 与电磁铸造的不同直径的 AZ31 合金锭坯的铣面量，可见采用电磁铸造，铸锭的铣面量大幅度降低，这可以显著提高铸锭的成材率，产生经济效益。

表 4-2 DC 与电磁铸造的 AZ31 镁合金锭坯的铣面量

锭坯直径/mm	DC 铸锭的铣面量/mm	电磁铸造的锭坯的铣面量/mm
800		
520	10 ~ 15	5

续表 4-2

锭坯直径/mm	DC 铸锭的铣面量/mm	电磁铸造的锭坯的铣面量/mm
312	6~8	3
244	4~6	≤2
160	4~6	≤1.5
100	4~6	≤1.0

（4）抑制裂纹。采用电磁连铸，可以降低铸锭的铸造内应力，所以铸锭的裂纹可以抑制。这在高合金化的尺寸铸锭铸造时，效果更加显著。

（5）提高生产率。采用电磁铸造时，铸造速度可以提高 30%~50%，可以减少能耗。

（6）大尺寸铸锭的电磁铸造。山西闻喜银光集团采用该技术已铸造出直径 800mm 的大尺寸 AZ31、AZ80 和 ZK60 合金铸锭（图 4-18），这是目前已报道的世界最大的镁合金铸锭。营口银河镁业公司也采用该技术铸造出 3000mm × 380mm × 860mm（长 × 厚 × 宽）的大尺寸板坯（图 4-19），这

图 4-18 直径 800mm 的镁合金铸锭

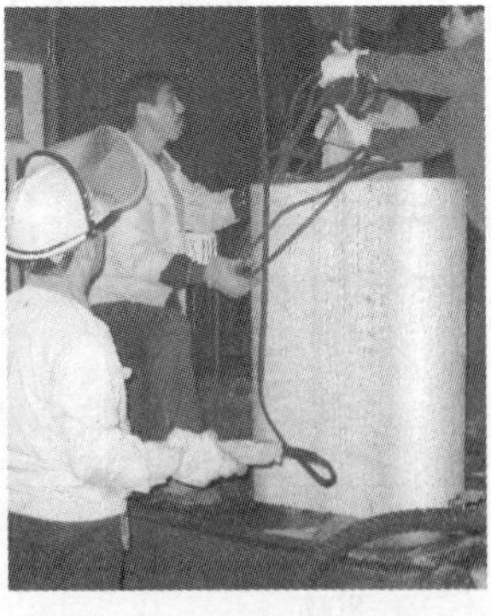

图 4-19 3000mm × 380mm × 860mm 的镁合金板坯

也是目前报道的最大镁合金板坯，采用该板坯已生产出幅宽1500mm的镁合金板材。

（7）采用电磁搅拌+子晶体发生器技术，半连续铸造生产大直径铸棒、坯产品。

半连续铸锭是镁合金挤压型材和锻压的坯料，直接关系到变形产品的质量。山西闻喜银光集团镁业采用电磁搅拌技术，对半连续锭坯和晶粒进行细化，随着铸锭直径的逐渐增大，银光采用电磁搅拌+子晶体发生器技术，子晶体是在浇注过程不断地将破碎的枝状晶体碎片均匀地弥散在浇注时的金属流中。子晶体发生技术的关键是子晶体发生装置，子晶体发生器可以有效地进行工艺控制，对于不同的镁合金有不同的铸造温度要求，保证临界的枝状晶体碎片尺寸，从而确保生产出优质的大直径铸棒、坯产品。目前银光已形成年产3000t铸锭的生产能力，可批量生产ϕ90～800mm圆锭和800mm×300mm(宽×厚)扁锭。

第二节　镁合金铸轧

一、实现了镁合金连续铸轧的重大技术突破

连续铸轧是一项短流程、低成本的板材生产技术，是板材技术发展的方向，又是世界级难题。山西闻喜银光集团镁业等通过大量的研究和试验，突破了镁合金连续铸轧流嘴材料与结构、金属液体均匀布流、连续铸轧生产工艺及参数控制、高品质镁合金熔炼细化与净化和异地运输等关键技术，

开发并设计出镁合金熔炼保温、异地输送、双辊连续铸轧、流嘴、铸轧卷取等成套关键装备，形成了具有中国自主知识产权的镁合金板带双辊连续铸轧成套装备和技术，达到国际领先水平。

自主研发建成了中国第一条较完整的幅宽600mm、厚度0.2~9mm、单卷质量超过500kg的镁合金连铸连轧板材生产线，形成年产板带3000t的生产能力，如图4-20~图4-22所示。生产的镁合金板带材的力学性能优于常规工艺生产的产品，已经开始批量生产并被应用于汽车、笔记本电脑外壳及其他产品上。

图4-20 铸轧生产线（90m长）

用铸轧法生产的镁合金板材的性能超过国家标准，如表4-3所示，在通用汽车公司做的杯凸试验，获得通用汽车公

图 4-21 成卷（薄板）铸轧在生产中

图 4-22 连续铸轧板卷坯

司认可，如图 4-23 所示。

表 4-3 采用 AZ31B 铸轧薄坯轧制的板材典型力学性能

板 厚	拉伸方向（与轧制方向平行或垂直）	抗拉强度/MPa	屈服强度/MPa	伸长率/%
2mm	平 行	278	193	21
	垂 直	279	186	25
1.5mm	平 行	285	195	28
	垂 直	293	201	24
1mm	平 行	283	185	30
	垂 直	290	190	26
0.5mm	平 行	292	221	31
	垂 直	290	220	29
国家标准（GB 5154—85）	厚度 0.8 ~ 3.0mm	240	130	12

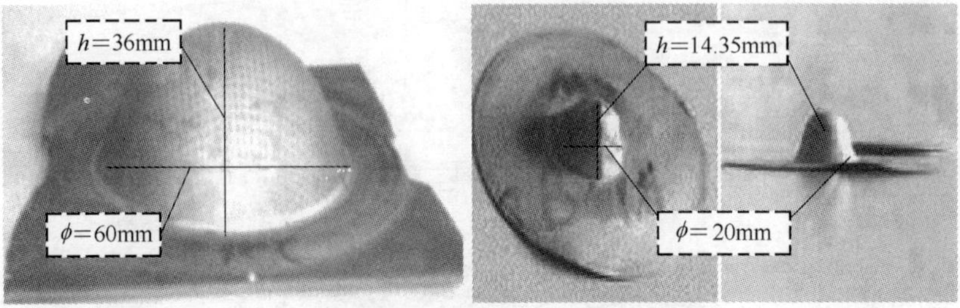

图 4-23 通用汽车公司做的杯凸试验

铸轧板坯采用快速凝固和薄板铸轧技术，获得初始的坯料组织，如表 4-4 和图 4-24 所示。

表 4-4 铸轧板的二次枝晶臂间距尺寸

铸轧板厚度 /mm	铸轧辊表面线速 /m · min^{-1}	冷却速度 /℃ · s^{-1}	平均晶粒直径 /μm
6	0.8 ~ 1.2	200 ~ 250	50
3	2.6 ~ 3.2	400 ~ 600	30 ~ 40
2	3 ~ 6	700 ~ 1000	10 ~ 13
1	8 ~ 15	900 ~ 1500	5 ~ 7

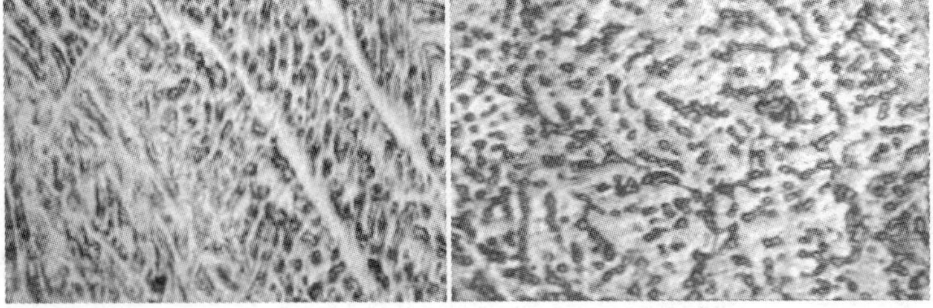

图 4-24 不同厚度的铸轧镁合金薄板带材的金相显微组织

a—2mm 铸轧板；b—4mm 铸轧板

二、以铸轧薄板坯进一步精轧

双辊连续铸轧镁合金板通过快速加热、热轧，并结合适当的温轧和退火，不仅大幅度降低生产成本，也使这种板材的二次成型加工性能显著改善，产品质量大大超过目前传统板材的质量。镁合金 AZ31 板材的平均晶粒度可以小于 10μm，抗拉强度达 280MPa，屈服强度为 230MPa，伸长率达 25%。镁合金板的晶粒、组织细致均匀，为良好的冲压材料和超塑性成型加工材料。目前已可以铸轧和精轧的镁合金板材有三大类 20 多个品种，幅宽 600mm、厚度 0.5 ~7.0mm。

第三节 镁合金挤压

一、镁合金型材等温挤压技术

近年来，上海交大在高品质镁合金型材挤压成型技术的开发方面取得了较大的进展，并且已经实现了镁合金挤压产品小规模的工业化生产。

（1）挤压用高塑性细晶合金锭坯的制备技术：开发了一种对 AZ 与 AM 系合金有效的晶粒细化剂，将 ϕ100mm 直径的镁合金连铸锭坯的晶粒尺度降低 50% 以上，并采用潜流式水平连铸新工艺制备出均匀与致密的坯料，从而提高镁合金型材的挤压性能和力学性能。

(2) 镁合金型材等温挤压工艺及模具的制造技术：上海交大目前已经掌握了 AZ31、AZ61、AZ80、AM30、ZK60、JDM1、JDM2 等镁合金可工业化的挤压极限图和加工图，优化了工艺，建立了变形镁合金等温挤压模具设计原则与制造技术图，并优化镁合金挤压润滑剂，制备了大量的截面形状不同的高品质镁合金型材。

(3) 镁合金型材矫直处理技术及装备：上海交通大学开发了镁合金在高温下的张力矫直工艺及相关技术装备，采用电接触加热法加热镁合金型材后进行张力矫直，解决镁合金型材矫直的世界性难题。

通过上述技术所制备的镁合金型材能达到如下技术指标：制备 ϕ200mm 的 AZ31 半连续铸锭的晶粒尺寸为(30 ± 10)μm，且分布均匀，铸态室温伸长率超过 13%；最大可挤压截面圆直径大于 200mm；可挤压各种管、棒、异型材以及板材；型材的外形尺寸、型材间隙、弯曲度、波浪度和力学性能符合国家技术标准，管材最小壁厚达到 0. 8mm，板材最小壁厚达到 0. 4mm；矫直后的型材的直线度达到 0. 5mm/m；等温挤压的 JDM2 合金棒材的最高抗拉强度可达 450MPa。

采用该技术已实现多种镁合金变形产品的批量化生产，如纺织机械用型材、电动汽车车架等，如图 4-25 所示。镁合金型材还在高速列车、轨道交通工具、自行车行业具有广泛的应用前景。

图 4-25 镁合金型材等温挤压技术的典型产品

二、近均匀变形挤压成型技术

镁合金疲劳性能受变形程度及变形均匀性影响较大，中北大学研究提出了去除“难变形区”挤压技术，去除了常规挤压成型存在的“难变形区”，缩短了金属质点流动距离，控制金属流线的分布，实现了镁合金近均匀变形，改善了构件重要承力部件变形均匀性，减少材料各向异性，以提高构件的疲劳寿命。采用近均匀变形挤压成型技术试制的镁合金轮毂通过了台架考核（表4-5）。

表4-5 镁合金轮毂台架试验测试结果

项目	冲击试验	轮毂弯曲疲劳试验	轮毂径向疲劳试验
试验参数	落锤质量：630kg	弯曲力矩：3510N·m	径向负载：1875kgf
	试验胎压：2.0kgf/cm^2	回转圈数：10万转	试验圈数：100万转
	试验高度：230mm	转速：700r/min	试验速度：50km/h
	冲击角度：13°	螺丝扭力：90.0lbf·ft	螺丝扭力：90.0lbf·ft
	试验轮胎：185/65R14		试验胎压：4.6kgf/cm^2
结果	合　格	合　格	合　格

注：1kgf=9.8N，1ft=0.3m，1lbf=4.448N。

三、开发出快速挤压成型工艺

由山东费县银光镁业有限公司承担的国家中小企业创新基金项目“高精度大截面镁合金管型材快速挤压技术研究”针对高精度大截面镁合金管型材快速挤压技术的特点和技术要求，通过对挤压模具关键结构的系统研究，采用专用模具材料及特殊的模具结构，经表面处理等措施，解决了管型材缺损、起皱、龟裂等问题。通过对坯锭的精炼处理及对挤压速度、温度等参数的优化，提高了镁合金挤压管型材的质量和生产效率。

主要产品高精度、大截面镁合金管材目前已实现量产。该产品具有高强度、低密度、电磁隐蔽性强等优点，具有较好的推广应用前景，尤其在军工高技术产品轻量化方面优势突出。

四、突破了镁合金板坯宽幅挤压、薄板低频电磁铸造铸坯-挤压-轧制新工艺技术

东北大学等在挤压-轧制技术研究方面，突破了镁合金板坯的宽幅挤压、薄板低频电磁铸造制坯-挤压-轧制、板带在线加热、扁挤压筒模具设计、多锭连续挤压等关键技术，建立了低频电磁铸造大规格镁合金圆锭、板坯生产线，并为挤压开坯轧制提供了优质坯料；实现了镁合金薄板的塑性、强度、各向同性和冷冲压成型性等板材主要性能的明显提高，如表4-6所示。

表4-6 采用挤压-轧制技术制备的高成型性板材的性能

合 金	厚 /mm	宽 /mm	厚度精度	σ_b /MPa	δ /%	各向异性指数	成材率 /%	冷冲压杯突值/mm
AZ31板材	0.1 ~ 0.6	300 ~ 500	±0.005	280 ~ 305	24 ~ 30	0.91 ~ 0.96	41.2	
ZK60板材	0.1 ~ 0.6	300 ~ 500	±0.005	280 ~ 355	18 ~ 24	0.90 ~ 0.95	41.2	
高成型性板材	0.1 ~ 0.6	300 ~ 500	±0.005	250 ~ 280	30 ~ 32	0.91 ~ 0.96	41.2	≥4.0

第四节 镁合金锻造

一、大型构件等温锻造技术

为解决航空航天等领域应用中大尺寸镁合金锻件制备的技术难题，上海交大在大尺寸半连续铸造坯料的基础上，通

过镁合金塑性变形计算机模拟与实际锻造工艺相结合，开发了镁合金大型锻件成型技术：通过半连续铸造制备大尺寸坯料，目前坯料尺寸直径可达 ϕ400mm，长度方向大于2m；通过计算机模拟确定锻造工艺，确保锻件各个方向总的变形量和变形温升均匀，减小锻件的各向异性；通过锻造后续热处理，调整锻件的力学性能，锻后各方向的力学性能均匀，各方向抗拉强度大于420MPa，各向性能差异性小于10%。

二、镁合金铸-锻双控成型技术及其应用

铸-锻双控成型可分为立式和卧式两种，嘉瑞集团设计并试制了国内外首台镁合金铸-锻双控成型设备及工装模具（立式），进行了AZ91D镁合金宝马摩托车缸体零件铸-锻双控成型工艺试验研究，取得了良好的试验效果。

卧式铸-锻双控成型机是在立式铸-锻双控成型机的基础上，为了适应小批量生产而开发的一种新型成型机。该设备的压铸锁模力为8000kN，锻造锁模力为4000kN，图4-26为

图4-26 卧式镁合金铸-锻双控成型设备

卧式铸-锻双控成型机实物图，图4-27为其3D总装图。

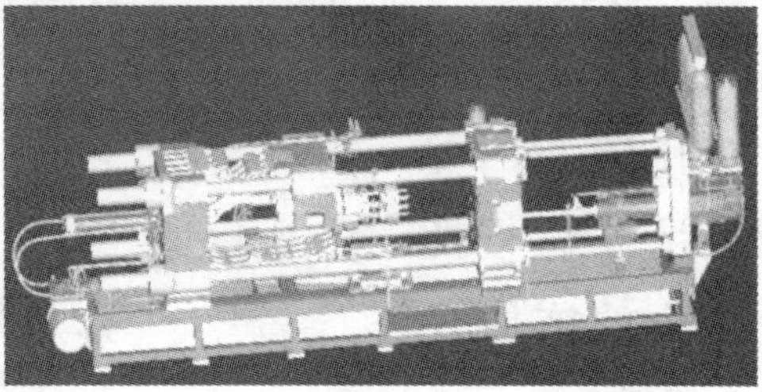

图4-27 卧式镁合金铸-锻双控成型设备3D总装图

该金属液态压铸-锻造卧式双控成型机主要由模具机构、压铸机构和锻造机构三部分组成。该卧式铸-锻机可以手动操作，也可以全自动方式运行，可实现远程监控；也可以关闭锻造只实现压铸功能，使设备具有更灵活的使用范围，如表4-7所示。

表4-7 卧式铸-锻双控成型机技术参数

项目/单位	参 数	项目/单位	参 数
锁模力/t	800	铸造压力/MPa	74～182.8
锁模行程/mm	800	铸造面积/cm^2	460～1135
容模浓度/mm	400～950	压射法兰直径/mm	ϕ200
范本尺寸/mm×mm	1400×1400	锤头推出范本距/mm	350
导柱内距/mm×mm	950×950	顶出力/t	38
压射力/t	70	顶出行程/mm	200
压射行程/mm	750	最大锻造力/t	400
锤头直径/mm	80/90/100/110	工作压力/MPa	14
射料量/kg(Al)	5.5～12.8	油缸容量/L	1700

根据铸-锻原理设计的卧式铸-锻摩托车轮毂模型，其中锻造部位为中间5个轮辐处，轮辐中间凹陷处的设计有利于压铸后该处缓慢凝固而凸显锻造力的施加效果，如图4-28所示。

图4-28　卧式铸-锻摩托车轮毂

利用三维数值模拟软件计算的摩托车镁合金轮毂的三维金属液充填效果图见图4-29。图中清楚地显示了表面缺陷的位置，为进一步改善模具结构和压铸参数提供了极大的帮助。

图4-29　摩托车的镁合金轮毂的金属液充填效果图

力学性能测试试样取样部位为摩托车轮辐处，该处为直接铸锻部位，数据如表4-8所示。其结果证明，经过铸锻后，试样的强度和塑性均明显提高，尤其是经过T6热处理后，试样的抗拉强度超过250MPa，伸长率大于4%。

表 4-8 卧式铸-锻双控与压铸成型制件的力学性能对比

试样编号	铸-锻双控成型				压铸成型（未热处理）	
	未热处理		T6 热处理			
	抗拉强度 /MPa	伸长率 /%	抗拉强度 /MPa	伸长率 /%	抗拉强度 /MPa	伸长率 /%
1	220.711	3.140	256.869	4.323	173	2.218
2	219.255	2.960	250.664	4.145	165	2.768
3	228.320	3.352	249.234	4.320	159	2.468
4	210.909	3.238	252.604	3.830	160	2.315
5	208.990	2.938	241.719	3.723	141	2.265
6	208.144	3.027	244.909	4.207	175	2.503
7	207.377	3.132	249.242	4.568	148	2.545
8	218.422	3.455	259.547	4.630	164	2.210
9	234.722	3.532	253.951	4.728	165	2.568
10	218.738	3.295	255.581	3.837	157	2.645
平均值	217.56	3.21	251.43	4.23	160.7	2.45

第五节 镁合金轧制

一、镁合金宽幅板轧制

（一）宽幅镁合金板轧制技术与装备项目新进展

营口银河公司现有镁合金低频半连续铸造生产线一条，生产板坯规格有 350mm × 530mm × 850mm、300mm × 800mm × 1600mm 及 800mm × 1250mm × 2000mm 等，如图 4-30 所示，为世界截面最大的镁合金铸造板坯；镁合金轧制的一条生产线由1750mm四辊热轧机、450m精整线、1625mm六辊冷轧机组成。目前，10 ~ 100mm厚、1500 ~ 1600mm宽热轧中厚板已生产供货，薄板(0.4 ~ 3)mm×(1200 ~ 1500)mm×卷板正在试生产。年产宽幅镁合金薄卷板2000t，板材幅宽达1500mm。

图4-30　大截面镁合金铸造板坯

（规格：300mm×800mm×1600mm）

营口银河公司在合金熔炼时采取了特殊的物理净化方法，合金中的氧化物夹杂含量显著降低，合金得到充分净化。采用低频电磁连铸技术，使合金的铸态组织显著细化，合金元素的宏观偏析显著改善，为后续加工产品的性能提供了保证。

产品规格：板坯（厚度800mm，宽度1250mm，长度2000mm）最大；

棒材（ϕ800mm、ϕ600mm、ϕ300mm、ϕ150mm等）。

（二）镁合金卧铺上铺

营口银河公司在大连交通大学的支持与指导下，与自主研发干线列车长白山号的长春轨道客车股份有限公司共同开展全镁合金铁路列车框架及铺椅项目研究。目前，已成功制成200km/h以上高速列车用镁合金铺椅。产品应用于轨道交通车辆上，可极大地减轻列车的质量，提高强度，降低能源消耗，提高速度，增加乘车的舒适度等，如图4-31所示。

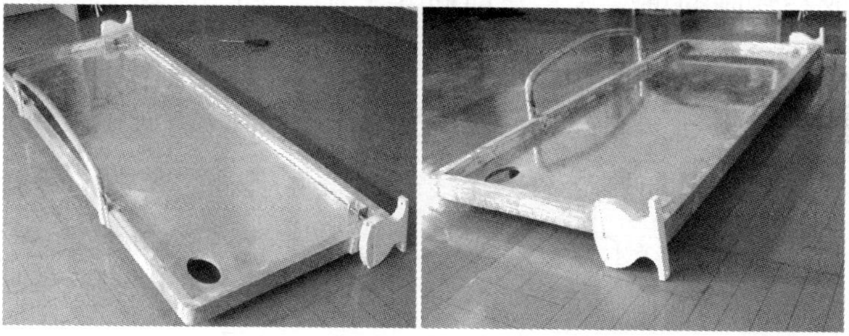

图4-31 时速200km以上列车上的镁合金卧铺上铺（净重7kg）

（三）镁合金蜂窝板产品

营口银河公司与大连交通大学合作，共同研发“镁合金蜂窝板项目”，如图4-32所示。已申请了国家实用新型及发明专利技术，产品强度高，质量轻，应用于车体可实现节能

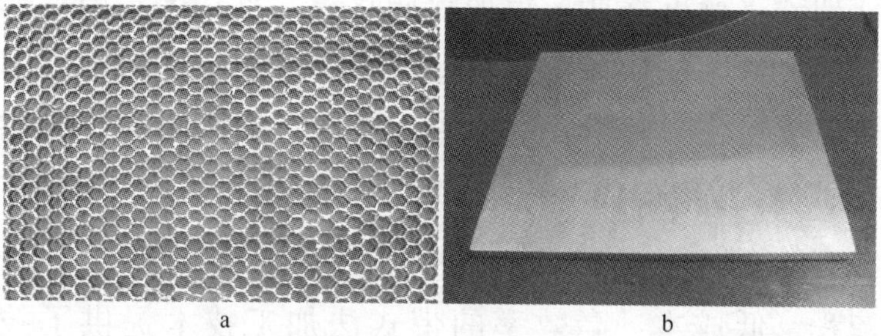

a　　　　b

图4-32 镁合金蜂窝芯（a）及镁合金蜂窝板（b）

降耗，减轻振动，增加乘客舒适度和安全感。

二、成卷轧制设备和关键技术

（一）成卷轧制设备和关键技术的研发

板材大批量方式生产的基础是连轧或成卷轧制，但镁合金成卷轧制的难度大，目前尚处于片式生产的落后状态。重庆大学、西南铝加工厂等对张力控制、板型控制、自动控制、热-力耦合作用下板带材在线轧制技术、在线轧制装备系统的开发及加热技术、在线轧制条件下卷取参数的优化和控制技术都进行了系统研发。经过大量的实验和综合比较，在600mm 铸轧的卷取、挤压卷取和四辊精轧机成卷轧制上获得成功，目前已经投入生产。由于实现了铸轧卷取、挤压卷取、成卷精轧各个环节的成卷生产，为批量化生产和稳定质量、降低生产成本奠定了基础。

（二）实现了镁合金的成卷轧制

中南大学等开展了镁合金带式法成卷轧制技术研究，开发了镁合金带材成卷轧制过程中的开/收卷技术、成卷轧制在线加热及温度控制、板形控制技术、带式法张力控制技术、镁合金带卷加工工艺及最终热处理技术，开发出镁合金板带材成卷轧制专用装备，生产出厚度在4mm 以下单卷质量在300kg 以上的成卷铸轧板材，如图4-33 所示，形成了中国独有的变形镁合金板带成卷轧制的自主知识产权，为开发短流程、低成本、高效率的带式法加工技术提供了技术支撑。

图 4-33 成卷轧制生产线

三、开展了低成本热轧开坯轧制研究

镁合金的加工性能较差，镁板占镁加工产品的比例不到 2%，而钢、铝的板材量占它们总产量的比例在 50% 以上，差距很大。中南大学等从低成本热轧开坯轧制方面进行了热轧的热模拟试验和热加工过程组织变化的理论研究及板型、表面、精度控制技术等研究，开展了热轧低温高速大加工率的轧制试验，突破了宽厚镁板低成本生产关键技术，优化了工艺流程；尤其注重产品的高性能、稳定性、低成本薄板产业化成套技术开发，攻克了成卷轧制技术的难题，包括铸轧、挤压、在线热轧、精轧等，开发生产的镁合金板材的质量明显提升，成品率提高 10% 以上，生产成本降低 15% 以上，经济效益显著。该成果初步奠定了镁板规模化生产的技术基础，有可能将中国的镁合金板材应用比例大幅度提高，一举扭转了镁产业从以铸造为主转化成以变形加工为主的局面。高质量、低成本生产技术的解决将使中国大量原镁转变成高技术含量的板材和板材加工品。采用该技术生产的产品质量超过了国家标准，已销售到全国各地以及日本、美国、欧洲等国家，国内使用情况也反馈良好。

第六节 镁合金加工成型装备向大型化发展

近年来，国内镁合金深加工装备制造发展迅速，推动企业装备大型化有助于提高国际竞争力。

深圳力劲科技集团已成为世界级的压铸装备生产、技术研究、装备标准研究的大型骨干企业。该集团2000年成功研制出中国第一台热室/冷室镁合金压铸机，填补了国内在这一领域的多项空白。2007年以来美国通用公司已订购23台DCC3000压铸生产单元，用于生产汽车发动机缸体；2005～2008年，日本丰田、本田公司均采用中国压铸装备生产其汽车关键零部件；2007～2010年，富士康、比亚迪也大批量购进国内大型压铸生产单位。中国压铸装备产业的发展对镁合金压铸加工产业作出了巨大贡献。

国内企业纷纷装备大型镁合金加工设备，大大提高了国际竞争力。

富士康科技集团引进4200t、3200t、3000t、2700t、2500t等大型压铸机；青海盐湖集团引进加拿大3500t压铸机2台；营口银河镁铝合金公司的1750mm宽四辊热轧机、1625mm宽六辊冷轧生产线也已建成，并成功试产（7～

10）mm×1500mm 镁合金热轧板和厚 0.8mm 宽 1500mm 长 5000mm 的冷轧板。山东华盛荣镁业科技有限公司和鹤壁富迈特镁科技有限公司也安装了 4500t 挤压机；山西闻喜银光华盛镁业完成了 3600t 大型挤压机的安装调试，试产了 3mm×500mm 镁合金挤压卷带材，将为大型断面型材、磁悬浮列车、高铁配套产品及军工大断面产品生产提供保证，为开展镁合金挤压开坯及成卷轧制工艺研究，开发中俄乌国际间合作项目以及中美加车体前端项目奠定了装备基地（图 4-34）；装备了 6000t 大型锻压机 2 台，如图 4-35 所示，形成年产 50 万只镁合金轮毂的生产能力。

图 4-34 银光 3600t 大型挤压机

图 4-35 银光 6000t 锻压机

第四章　高性能镁合金加工与制备中的关键基础问题研究的重要进展[1]

第一节　项目研究单位组成

由重庆市承担的国家“973”计划项目“高性能镁合金加工与制备中的关键基础问题”，于2011年12月在北京通过了科技部专家验收。该项目是由重庆市科委组织推荐，由重庆大学牵头的，项目首席科学家是重庆大学的刘庆教授，专家组组长是重庆大学的潘复生教授。组织了全国在镁合金方面有多年研究基础的高校和研究机构，如重庆大学、上海交通大学、东北大学、中科院金属研究所、北京有色金属研究总院、北京工业大学、清华大学、北京科技大学、中南大学、沈阳工业大学等12家单位共同承担。项目组构成单位拥有多个国家重点实验室、国家工程研究中心、省部级重点工程中心和重点实验室。

第二节　项目四大关键科学问题研究取得显著成效

项目的四大关键问题研究成效如下：

（1）建立了镁合金熔体多级纯净化基础理论体系，开

---

[1] 本章由重庆大学潘复生教授、刘庆教授编写。

发了镁合金熔体复合净化技术并获得成功应用；形成了镁合金电磁连铸理论，开发了镁合金低频电磁铸造技术并实现了工业化生产。

（2）揭示了镁合金塑性变形机制，阐明了塑性变形过程中组织与织构的演变规律；提出了通过微观组织及织构控制提高塑性变形能力的技术原型和新途径，研发了具有优异塑性的镁合金板材。

（3）揭示了镁合金的各种强韧化机制，建立了镁合金的强韧化理论体系及不同强韧配合要求的镁合金设计准则；完成了包括高强镁合金、耐热镁合金、变形镁合金及高强阻尼镁合金等在内的新型镁合金的研制。

（4）发展了喷射沉积、多次循环大塑性变形及等离子表面处理等镁合金特种制备与加工技术原型；发展了薄带连铸、半固态成型等镁合金低成本短流程工艺技术原型。

第五篇

镁合金连接(焊接)技术及新进展

镁及镁合金材料加工成零件后，一般要与其他零部件(同类材料或异种材料）连接组成部件或机器。与铝及铝合金材料一样，连接的方法主要有焊接、胶（粘）接和机械连接。

镁及镁合金的焊接性能良好，绝大多数镁合金可以用气焊、氩弧焊、电阻焊、摩擦焊、扩散焊、超声波焊、电子束焊、钎焊、氩弧焊焊接。镁合金铸件可用氩弧焊修补，并能获得满意的焊接质量。因无适用的焊剂，目前尚不能使用埋弧焊。

第一章　镁及镁合金材料的焊接技术

第一节　焊 接 特 性

镁及镁合金的焊接特性包括：

（1）镁的熔点低，热导率高，焊接时应采用大功率的焊接热源，因而焊缝及近缝区金属易产生过热、晶粒长大、结晶偏析现象，从而降低接头性能。

(2) 在焊接高温下，镁易与空气中的氧生成氧化镁，其熔点高，密度大，在熔池中易形成细小片状的固态夹渣，阻碍焊缝形成，也会降低焊缝性能；高温下还易与空气中的氮生成氮化镁，将导致焊缝金属的塑性下降。镁的沸点不高(1100℃)，在电弧高温下很容易蒸发。

(3) 在焊接薄件时，由于镁合金的熔点较低，而氧化镁薄膜的熔点很高，两者不易熔合，故焊接操作时难以观察焊缝的熔化过程。温度升高，极易产生烧穿和塌陷现象。

(4) 镁及镁合金的线膨胀系数较大，约为钢的2倍，铝的1.2倍，所以在焊接过程中易产生较大的焊接应力变形和焊接裂纹。

(5) 镁易与一些合金元素（如Cu、Al、Ni等）形成低熔点共晶体（如Mg-Cu的共晶点为480℃，Mg-Al的共晶点为430℃，Mg-Ni的共晶点为508℃)，所以脆性温度区间较宽，易形成热裂纹。

(6) 镁焊接时，易产生氢气孔，氢在镁中的溶解度也是随温度的降低而急剧减少的。当氢的来源较多时，出现气孔的倾向较大。

镁及其合金在没有隔绝氧的条件下焊接时，易燃烧，熔焊时需用惰性气体或焊剂保护。由于镁焊接时要求用大功率的热源，当接头处温度过高时，母材将产生“过烧”现象。因此，镁及镁合金焊接时必须控制好接头温度。

第二节　焊接设备及材料的选择

一、焊接设备

镁合金气焊、氩弧焊、电阻焊时一般采用焊接铝合金的设备，铝合金氩弧焊所用的铈钨电极、钍钨电极及纯氩电极均可满足镁合金氩弧焊的要求。

二、焊接材料

一般可选用与母材化学成分相同的焊丝。有时为了防止在近缝区沿晶界析出低熔点共晶体，增大金属流动性，减少裂纹倾向，亦可采用与母材不同的焊丝。如焊接 MB8 时，选用 MB3 焊丝。

第二章　镁及镁合金材料的粘接技术

粘接适宜任意形状与尺寸的镁合金材料，并且几乎能与任何其他材料连接。粘接的表面可以是光滑表面，大的表面可以一次粘接而成，很适合于飞行器。连接材料间不导电，不会造成电化学腐蚀，因而适合于连接镁合金与其他异种金属。

很多种类的黏结剂可用于连接镁合金，大多数黏结剂需加温固化。为了避免降低被连接金属的力学性能，宜选用不需要加温固化的黏结剂。已开发出来一种改进的丙烯酸双组分黏结剂，可在室温下粘接固化，在 −54 ~ 93℃具有很高的粘接强度，该黏结剂在镁合金汽车铸件原型装配中有广阔的应用前景。

第三章　镁合金材料的机械连接

第一节　铆　　接

铆接是连接镁合金零部件时使用最为广泛的方法之一，其接头设计和工艺与铝合金材料类似。在恶劣环境中使用的镁合金工件应仔细考虑铆钉间距、材质、尺寸大小及封口胶的使用情况等因素，以防缝隙内产生腐蚀。

铆接中最常用的接头形式是搭接，当设计者允许在接头两侧使用衬板时也可以采用对接。根据接头强度要求来选择铆钉的排列方式，可以是单排或多排。一般情况下，被连接金属与铆钉的剪切强度应保证一致。如果接头出现破坏，应是铆钉先被剪断，而不是母材的拉伸或疲劳断裂。

第二节　螺 纹 连 接

螺栓、螺钉和其他螺纹连接都适用于可拆卸镁合金与同种或异种材料接头的连接。镁合金螺纹连接本质上和其他材料一样，可以拧入或直接铸在零件中。连接件材料优先选择 5056 铝合金，其次是 6061 铝合金。在腐蚀不严重的条件下，也可以选用镀 Sn、Ca 或 Zn 的钢制紧固件。镀(70% ~80%)Sn-(20% ~30%)Zn 和 Zn + 铬酸盐 + 硅酸盐的钢紧固件，原则上可减小恶劣环境中的电偶腐蚀。这种钢紧固件的强度比铝合金要高，不会引起撕裂。同时，在腐蚀环境下适当的接头保护也可提高螺纹连接的可靠性。此外，粗螺纹的连接效果比细螺纹的连接效果要好。自锁螺母和其他类型的可拆卸紧固件也适用于镁合金连接。在螺栓头或螺母下方使用直径合适的 5052 铝合金或 6061 铝合金垫圈可以防止电偶腐蚀，减小转矩而不使连接件变形。

第四章　镁合金连接（焊接）技术新进展

镁合金的应用以及加工制造业市场竞争力的提升，都迫切需要研究和开发各类优质、高效、低能耗的连接技术。焊接作为主要的连接手段，国内外近年相继开展了镁合金焊接方面的研究，常用的焊接方法包括电弧焊、激光焊接、电子束焊接、搅拌摩擦焊以及激光电弧复合热源焊接等。典型镁合金的焊接接头如图 5-1 所示。

熔化极气体保护焊（MIG）可以进行连续填丝焊接，具有焊接效率高、变形小、熔深大、搭桥能力强等优点，在钢铁以及铝合金焊接领域已经得到广泛的应用，国内外均致力于镁合金 MIG 焊的研究开发。然而普通 MIG 焊接镁合金存在一定困难，这主要是因为镁合金的熔点、沸点温差小，热输入要求严格，工艺区间窄；熔融状态的镁表面张力小，熔

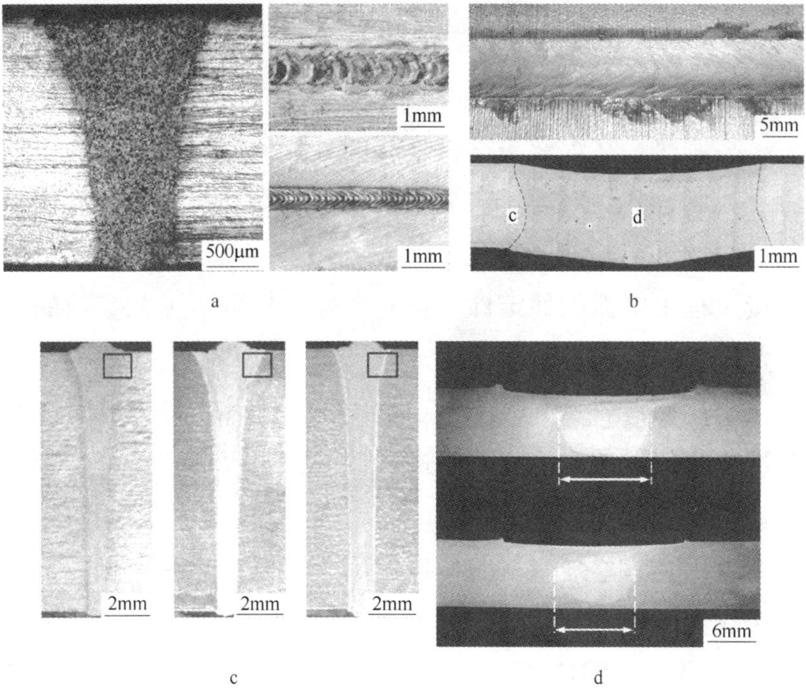

图 5-1　不同焊接方法得到的镁合金焊接接头横截面

a—激光焊接；b—电弧焊；c—电子束焊；d—搅拌摩擦焊

滴过渡困难。以 MIG 焊接为代表的高效焊接技术开发是镁合金应用的关键环节。

大连理工大学针对以上镁合金焊接的难点及制约，展开深入研究与开发，以增加镁合金焊接效率、降低镁合金污染以及推广镁合金焊接装备为出发点，研制出高沸点低污染镁合金焊材，实现了镁合金 MIG 焊技术难点的突破，开发出镁合金专用激光-电弧复合热源焊接装备，推动了镁合金的广泛应用。

第一节　镁合金 MIG 焊

控制热量在焊丝与母材之间的分配，使焊接热输入更加容易控制，并且对焊丝末端的熔滴具有冷却作用，从而使熔滴从焊丝末端脱离变得更加容易，减少了金属蒸发和飞溅。焊接过程中电弧的稳定性、重复性好，拓宽了工艺参数的选择范围。

采用双脉冲 MIG 焊及低频脉冲对频率较高的熔滴过渡脉冲的峰值电流和峰值时间进行调制，可以形成适当的熔滴过渡形式，又使作用于熔池中的电弧力和热输入随调制频率而变化。具有增强熔池的搅拌作用，可以细化焊缝晶粒，降低裂纹的敏感性。

采用以上 MIG 焊技术可以实现各种大、中厚度的镁合金板材的优质、高效焊接。焊缝正面波纹致密，连续均匀，没有飞溅、咬边、裂纹等缺陷；背面焊根连续、美观。不同厚度镁合金板材 MIG 焊试件如图 5-2、图 5-3 所示。

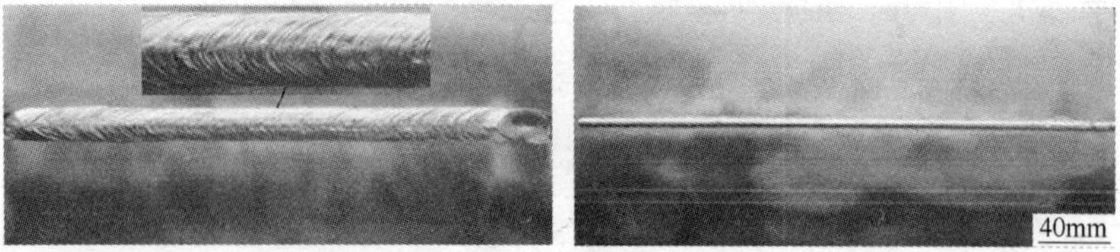

a　　b

图 5-2　8mm AZ31 镁合金交流脉冲 MIG 焊对接接头

a—焊接接头正面；b—焊接接头背面

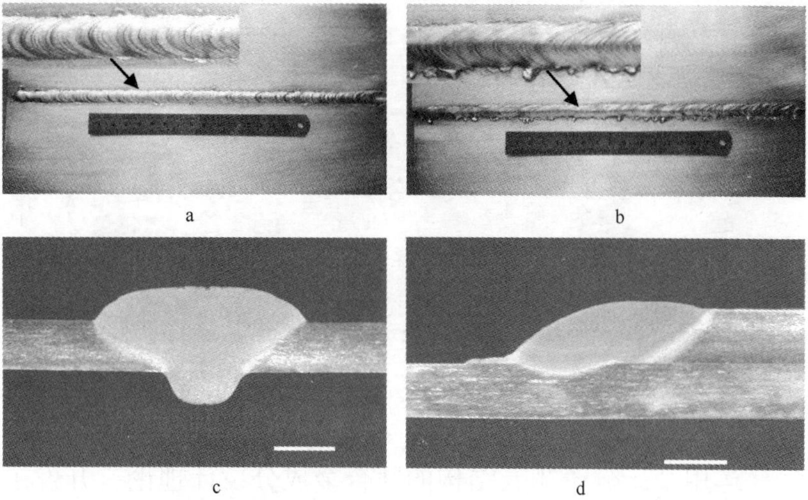

图 5-3 3mm AZ31B 镁合金板材直流双脉冲 MIG 焊对接接头
a—对接焊试件；b—搭接焊试件；c—对接焊接头横截面；d—搭接焊接头横截面

力学性能测试结果显示，镁合金 AZ31 镁合金 MIG 焊接头的平均抗拉强度达到 230. 7MPa，为母材的 97. 2%。平均伸长率是 7. 1%，为母材的 78%。断面收缩率是 17. 1%，可以达到母材的 199%。通过对镁合金 MIG 焊接进行优化，可以减少焊接缺陷，有效增加试件的力学性能，可以满足镁合金工业生产的需求。

第二节 高沸点低污染镁合金焊丝

利用高温挤压条件下镁合金界面分子扩散连接效应，发明了镁合金焊丝的扩散连接连续挤压-拉拔方法，最大挤压拉拔速度可达 10m/min，单根镁合金焊丝长度可达 1000m 以上，如图5-4所示，降低了手工焊接的工作量，保护了焊接工作者的身体健康。

图5-4　不同尺寸的镁合金焊丝

运用基于分子团簇结构的镁合金成分设计理论，开发了高沸点低挥发镁合金焊接材料，使其沸点从1100℃提高到1422℃，单种合金元素的含量对镁合金沸点的影响如图5-5所示。在1200℃时焊接材料的失重率由80%降低到35%，发尘速率由20mg/s降低到5mg/s，高沸点镁合金焊接材料

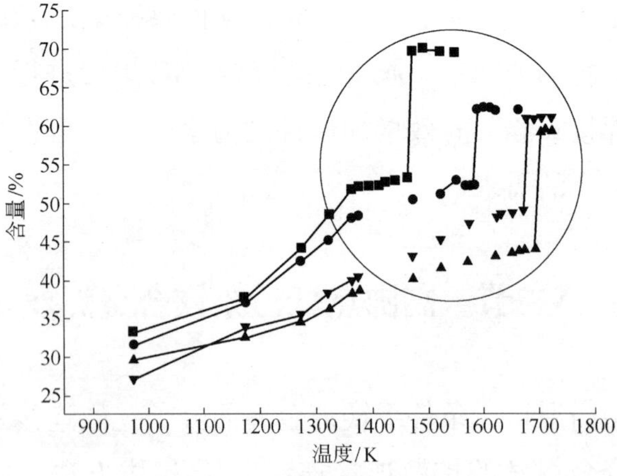

图5-5　镁合金沸点测试结果

有效减少了镁合金在焊接过程中产生的焊接烟尘，如图 5-6 所示，为实现镁合金焊接过程的环境友好奠定了基础。

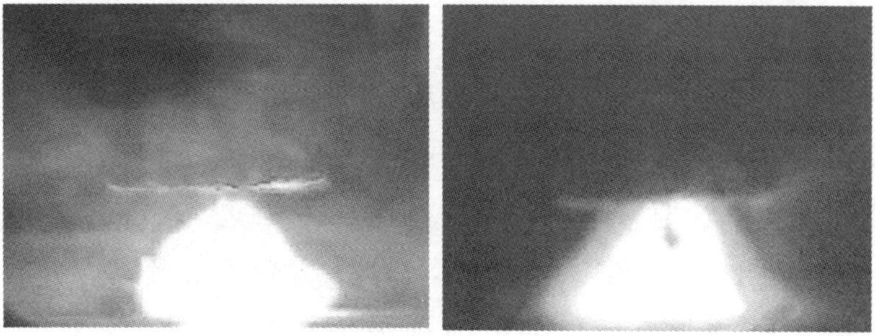

a　　　b

图 5-6　采用传统焊接材料（a）和高沸点焊接材料（b）的焊接烟尘对比

人们提出了镁合金活性焊接的复合增强机理，发明了新型无镉镁合金活性焊接材料，包括镁合金活性焊剂和活性焊丝。在保持高焊接性能的条件下使得镁合金的焊接熔深增加 300% 以上，大幅度减少了焊接道次和焊接材料使用量，减小了焊接污染；能够实现大厚度镁合金板材的无坡口单道熔透焊接。焊接接头的性能达到镁合金母材的 95% 以上，焊接接头的表面形貌及横截面形貌如图 5-7 所示。

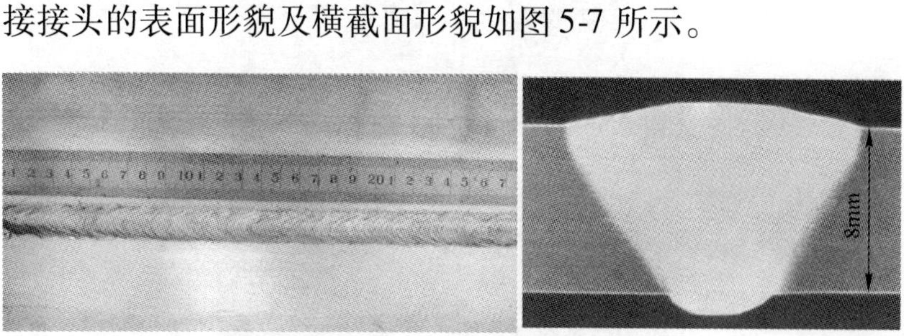

a　　　b

图 5-7　8mm 镁合金活性 MIG 焊接表面形貌(a)及横截面形貌(b)

第三节 优质高效镁合金焊接装备开发及应用

随着镁合金焊接工艺的研发以及现代化焊接制造业的快速发展，镁合金深层次开发和应用离不开高端焊接设备的支持，特别是大型装备制造的高端需求对镁合金焊接制造装备提出了更高的要求。

大连理工大学采用低功率激光与电弧相复合，发现了低功率激光诱导增强电弧现象，采用此焊接技术可有效提高镁合金的焊接效率及焊接质量。在此基础上研制开发了激光/电弧相位匹配系统，进而全面发挥激光诱导增强电弧的效能，使焊接效率得到进一步提高；自主设计开发了6自由度激光-电弧复合焊枪，焊枪充分发掘激光与电弧之间的角度与空间位置作用关系，同时利用防碰撞系统兼顾稳定与安全，保证了激光-电弧复合热源在高速运行下的可靠运行；自主研制开发了1kW固体YAG激光-电弧复合柔性焊接装备，如图5-8所示。经第三方

图5-8 1kW固体YAG激光-电弧复合柔性焊接装备

权威部门测定，此焊接装备的最大焊接速度可以达到9m/min，可焊接厚度在0.5～50mm范围内的各种镁合金型材，单次焊接最大焊缝长度达3m。低能耗激光-电弧复合柔性焊接装备集成技术经国内权威专家鉴定达到国际先进水平。

第四节 镁合金焊接技术应用

一、0.8mm镁合金板材对接焊

镁合金的熔点沸点低，焊接过程中金属蒸发严重，容易出现塌陷、焊漏等问题，在镁合金薄板焊接中更容易出现。采用低能耗-激光电弧复合柔性焊接装备实现0.8mm薄板镁合金单面焊双面成型，焊缝成型连续、美观，如图5-9所示。

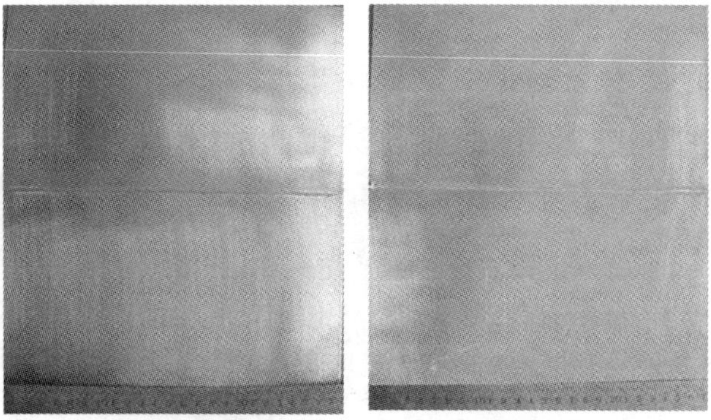

a　　　　b

图5-9 镁合金薄板焊接表面形貌

a—镁合金薄板正面焊缝；b—镁合金薄板背面焊缝

焊后板材变形小，表面塌陷小，接头内部无气孔、裂纹等焊接缺陷。对接头力学性能测试结果显示其抗拉强度达到AZ31 母材强度的 95% 左右，焊缝可弯曲接近 90°，无裂纹产生，说明镁合金薄板的复合焊接接头具有较好的弯曲变形能力，弯曲后的试件如图 5-10 所示。

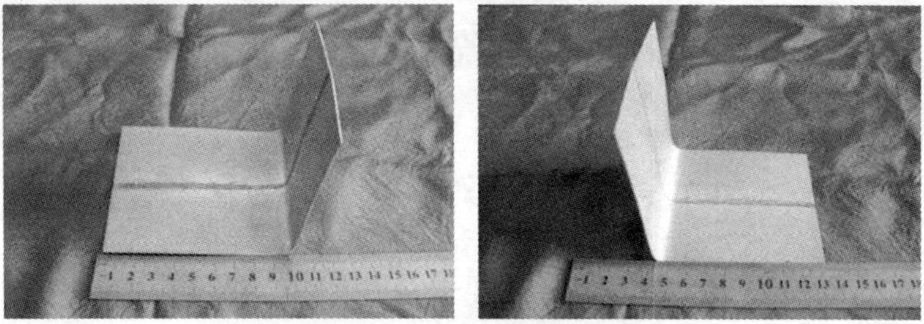

图 5-10　镁合金薄板复合热源焊接焊缝弯曲试样

二、宽幅镁合金板材拼焊

工业领域需要大尺寸镁合金板材，而且对幅宽 2m 以上的板材的需求更为迫切。但是由于成本以及技术瓶颈的限制，现在直接生产出的商业镁合金板材的幅宽较小，限制了镁合金应用领域的拓展。采用激光-电弧复合热源焊接系统成功实现了宽幅镁合金板材（1000mm × 500mm）的制备，如图 5-11 所示，整道焊缝熔透均匀，成型美观。

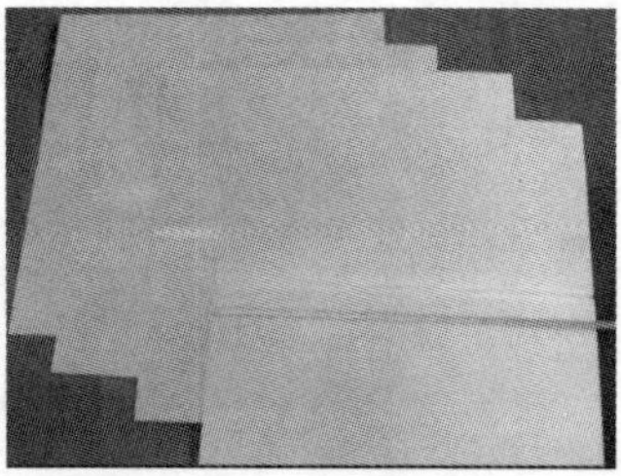

图 5-11　宽幅镁合金板材拼焊制备

三、镁合金T形结构件复合热源对接焊

在镁合金复合热源对接焊的基础上，针对单独TIG电弧热源无法焊接的T形焊接结构，采用低功率YAG激光-TIG复合热源进行镁合金T形结构的复合热源焊接。焊后表面成型美观，腹板边缘形成U状熔池，两侧熔透均匀，如图5-12所示。

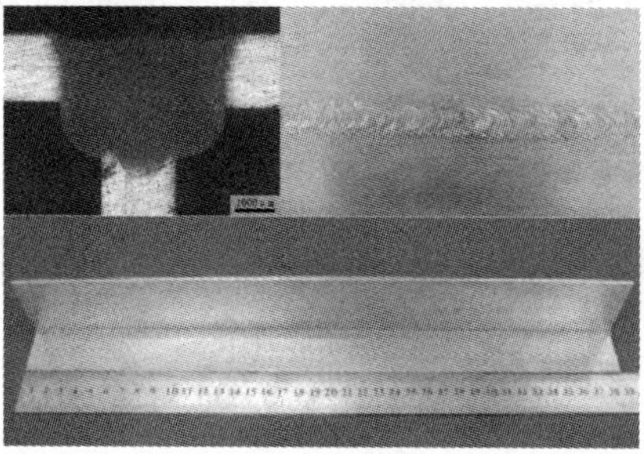

图5-12　镁合金T形结构复合热源焊接接头

四、镁合金与异质金属焊接

在实现了上述镁合金之间的多种结构优质高效连接的基础上，项目组充分发挥镁合金焊丝所具有的优质性能“遗传效应”，采用该镁合金焊接材料实现了镁合金和钢铁、镁合金和铝合金之间的优质高效连接。镁/钢及镁/铝异质金属焊接试件如图5-13所示。经测试，镁/钢异质金属连接结构的剪切性能与镁合金母材相当，镁/铝金属焊接结构的剪切性能达到镁合金母材的85%，均为目前国际上镁/钢、镁/铝焊接的最优性能。

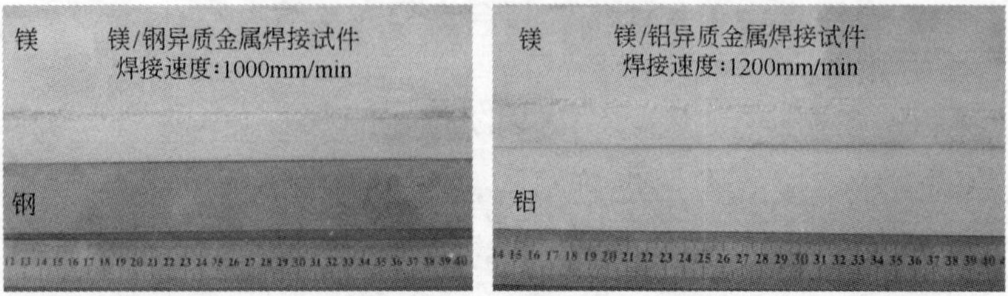

图 5-13　镁/钢及镁/铝异质金属焊接接头的表面形貌

以上技术及装备在实际生产中已得到应用，包括自行车架、汽车结构件在内的产品已经实现批量生产，为镁合金焊接结构件的实际应用起到了良好的促进作用。最新开发出的镁合金结构周转箱，其实物结构如图 5-14 所示，整个箱体质量仅为 40kg，是相同钢铁结构的 1/3。

图 5-14　镁合金周转箱

第六篇

镁及镁合金的腐蚀与防护（表面处理）技术及新进展[1]

镁及镁合金不耐腐蚀的问题，长期以来极大地影响和限制了镁合金在工程领域的广泛应用，使镁合金的优良性能得不到充分发挥。

近年来发展起来的各种新的表面处理技术，不仅可对镁合金材料的表面起到防护作用，而且能改善镁合金材料的表面性能和功能，同时使镁合金材料的表面美观耐用，收到很好的装饰效果。

第一章　影响镁及镁合金耐蚀性的因素

影响镁及镁合金耐蚀性的主要因素有：

（1）镁中的有害杂质，如 Fe、Ni、Cu、Co 等对镁合金的耐蚀性有显著影响。

（2）热加工和热处理对镁合金耐蚀性的影响主要是析出相的影响。一般情况下，凡是导致析出金属间化

[1] 本篇由中科院微系统所轻合金与防护技术中心卫中领研究员、黄元伟研究员和中科院金属所单大勇研究员编写。

合物的加热和热处理，通常都会降低镁合金的耐蚀性。

第二章　提高镁及镁合金耐腐蚀性的途径

提高镁及镁合金耐腐蚀性的途径有：

(1) 研究开发高纯镁合金，减少合金中的有害杂质元素。控制减少镁合金中的有害杂质元素，使 Fe、Ni、Cu 和 Co 的含量在容许极限之下，可提高镁合金的耐蚀性。

(2) 应用快速凝固处理工艺，细化晶粒和提高某些元素的固溶度。快速凝固具有减少有害杂质和影响腐蚀性能的两种功能，可以改善微观组织结构，使材料更均匀化，减少局部微电池作用。

(3) 进行有效的表面处理，大大提高镁合金材料的抗蚀性。镁及镁合金材料的表面防护处理是提高其抗蚀性的最重要、最有效的方法。

第三章　镁及镁合金材料的表面处理

当前商业应用的镁合金表面处理方法主要为阳极氧化(包括微弧氧化)、化学转化处理以及镀镍等，使镁合金表面形成一层新的保护膜。近年来，有机涂层、金属涂层及其他表面改性技术也获得了发展。

第一节　表面清理和预处理

镁的表面清洗与其他金属一样，是化学氧化处理或阳极氧化处理前必不可少的重要工序，会影响随后保护涂层的质量。镁合金表面清洗的方法很多，主要有碱清洗、铬酸清洗、氢氟酸清洗或氟化物清洗等。

第二节　化学氧化（转化膜）处理

化学氧化又称化学转化膜处理。通过浸渍、喷淋或涂刷，使金属工件与化学处理液相接触，通过金属与处理液发生化学反应，在金属表面形成由氧化物或金属盐构成的钝化膜。镁合金化学转化膜的防腐蚀效果优于自然氧化膜，但这层化学转化膜只能减缓腐蚀速度，并不能有效地防止腐蚀。所以一般只用于装饰、装运储存时的临时保护及涂装底层。

第三节　阳极氧化（电化学）处理技术

阳极氧化技术是在外加电压的作用下，将镁合金试件作为阳极，用不锈钢、石墨或金属电解槽器壁作为阴极，在一定温度的电解液中，通过试件与处理液之间的电化学反应，在试件表面形成一层厚且相对稳定的氧化物保护性膜层的表面处理技术。生成的氧化膜可进一步进行涂漆、染色、封孔或钝化处理。与铝合金相比，镁合金阳极氧化的电压、电流密度更高，电解液组成更为复杂。镁合金阳极氧化技术可分为普通阳极氧化技术与微弧氧化技术。

第四节 微弧氧化处理

微弧阳极氧化又称微弧等离子体氧化或阳极火花沉积，简称微弧氧化，它是在铝合金微弧阳极氧化和普通阳极氧化的基础上开发的一种新技术。

微弧氧化之后得到乳白色或咖啡色的完整膜层。膜层厚度可根据需求通过工艺调整控制在5～70μm，中性盐雾试验可达500h，显微硬度在400HV左右，漆膜附着力为0级，微弧氧化后需要进一步实施涂装保护。

第五节 电镀技术

对镁进行电镀时，首先必须对镁进行清洗，以除去所有的表面杂质。然后，根据所期望的表面粗糙度对其进行抛光。最后，在其他接受镍或锌基础镀层之前，必须对镁的表面进行化学活化。

第六节 表面热喷铝扩散处理工艺

由于镁合金的熔点低，表面易氧化，且化学活性高易燃烧，所以一般认为镁合金进行热喷涂处理不太现实，但实际上，只要工艺控制得当，用于钢表面的喷涂处理完全可以用于镁合金的表面防护处理。

第七节 有机涂层工艺与颜料着色

有机涂层是提高镁合金制品的防腐、防潮、耐热和绝缘等性能和装饰性能的一种重要方法。有机涂层的种类很多，涂料、石蜡、沥青、橡胶、塑料以及各种有机聚合物都是常用的镁合金有机涂层。最近有研究表明，环氧树脂涂层具有很强的黏附力，与水不发生浸湿，并且强度高，应用广泛。乙烯树脂和聚氨酯的效果也不错。

如果需要最佳的耐蚀寿命，在施加有机涂层之前要进行化学转化涂层或阳极氧化处理。这些处理可使表面粗糙化并改善其化学性质，便于实现与所施涂层稳固黏合。

第四章 镁及镁合金表面处理技术的新进展

第一节 高耐蚀镁合金的发展

国内外的研究也表明，稀土元素是提高镁合金耐蚀性能十分有益的元素，稀土镁合金一般具有良好的耐蚀性能，添加稀土元素的镁合金的耐蚀性能一般均高于不含稀土的成分相近的镁合金。

表6-1为几种不同的稀土元素对Mg-9Al镁合金在3.5%NaCl溶液中腐蚀速率的影响。从表6-1可看出，添加稀土元素对改进镁铝合金的耐蚀性能的作用是十分显著的。

表6-1 不同稀土元素对Mg-9Al镁合金在3.5%NaCl溶液中腐蚀速率的影响

合金名义成分	腐蚀速率/g·$(m^2 \cdot d)^{-1}$
Mg-9Al	777.08
Mg-9Al-1.0Ce	21.84
Mg-9Al-1.0Nd	18.29
Mg-9Al-1.0Y(Mm①)	15.94
Mg-9Al-1.0LPC②	9.58

①Y(Mm)为富钇混合稀土；

②LPC为镧镨铈。

图6-1指出RE(Ce+La)加入量对Mg-6Al-0.3Ca合金在5%NaCl溶液中腐蚀速率的影响。

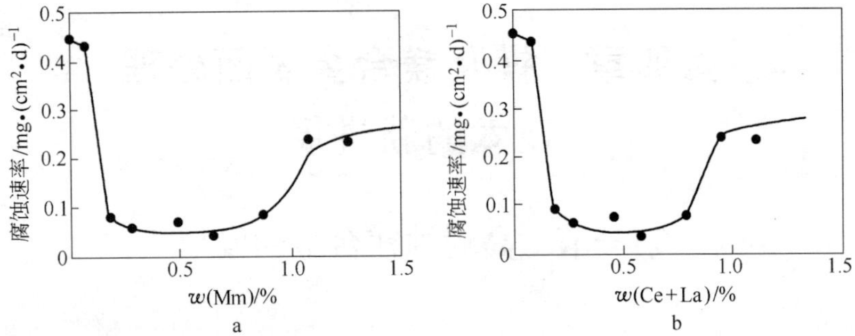

图6-1 RE(Ce+La)的加入量对Mg-6Al-0.3Ca合金在5%NaCl溶液中腐蚀速率的影响

a—Mg-6%Al-0.3%Mn-x%Mm合金；b—Mg-6%Al-0.3%Mn-x%(Ce+La)合金

第一章　镁的应用

第一节　镁在冶金领域的应用

一、铝合金的添加元素

在铝合金中加入金属镁，使合金更轻，强度更大，抗腐蚀能力更好。

二、钢铁脱硫的脱硫剂

整个北美、欧洲及中国钢铁生产中用镁粉作为钢铁脱硫剂，市场前景广阔。用镁粉作为钢铁脱硫剂不仅工艺简单，而且由于镁具有对硫的亲和力好这种独特性质，钢铁生产在较低的成本下，能生产出低硫钢。这种低硫钢可用于汽车设备及结构体中。用镁脱硫不仅改善了钢的可铸性、延展性、焊接性和冲击韧性，而且降低了结构件的质量。

三、生产难熔金属的还原剂

镁既可作为生产稀有金属 Ti、Zr、Hf 等的还原剂，也可作为生产铍、硼的还原剂（$BeF_2 + Mg = Be + MgF_2$，$B_2O_3 + 3Mg = 2B + 3MgO$）。

四、脱氧剂

在铜基和镍基合金的生产过程中，镁通常被用作脱氧剂。镁还用作镍基合金、镍-铜合金、镍-铜-锌合金的合金化元素。

五、球墨铸铁的球化剂

镁在球墨铸铁中起着球化作用，可使铸件的强度、延展性更高。

六、镁和钙的联用

镁和钙的联合使用是不可或缺的铅液脱铋的手段。另外，镁被加入锌的压铸合金中，可提高其强度和改善尺寸稳定性。

第二节 镁在化学工业的应用

镁在化学工业领域被大量使用在生产复杂和特种有机物及金属有机物的工艺中。镁还被用于生产镁的烷基（或烃基）（alkyls）和芳基（aryls）金属化合物，在润滑油中用作中和剂，用于氩气和氢气的净化，在真空管道制造中用作吸气剂（getter)，用于生产硼、锂、钙的氢化物，用作锅炉用水的脱氧脱氯剂等。

第三节 镁在电化学工业、牺牲阳极上的应用

镁在电化学方面的应用包括阴极保护、制造电池和光刻

等。镁牺牲阳极用于延长各种金属装置的寿命，包括：家用和工业用热水器（槽）；各种地下构建物，如土壤里的石油管道、地下电缆、管线、井体、储槽和塔基等；以及海水冷凝器、轮船船体、压载箱和海洋环境中使用的钢桩。

镁可以作成在土壤及水中常用的D形和梯形截面的棒状阳极、在热交换器中常用的挤压的圆柱形阳极、在高电阻率土壤中或套管内常用的带状阳极、在水下常用的半球形阳极等各种各样的阳极。

国内镁阳极使用量在不断增加，目前用作牺牲阳极的镁合金每年有3万~4万吨。

第四节　用 于 烟 火

镁在早期用来制作烟火，含铝量超过30%的镁铝合金粉末燃烧时会产生耀眼的白光，该白光比自然光更适合于摄影，从而曾被用作摄影闪光灯。镁粉还广泛用于焰火、礼花、军用信号弹、照明弹、燃烧弹等方面。

第二章　镁合金的应用

第一节　镁合金在航空航天、国防军工领域的应用

早在20世纪20年代，镁及其合金就被用于航空领域。表8-1为20世纪镁合金在航空航天领域的应用情况。

表 8-1 20 世纪镁合金在航空航天领域的应用

年代	应用
20 年代	飞机螺旋桨
30 年代	发动机曲柄箱、发动机零件、飞球吊篮、客机座椅、起落轮
40 年代	JU88 起落架支持框、FW190 遮风屏支架、起落架、He177&Ju90 部件、BMW801 发动机部件、机枪支架环、无线电设备底座、定向仪、尾轮、B-36 轰炸机部件
50 年代	RR Dart 发动机部件、S55 直升机发动机基座、火箭和导弹零部件、直升机齿轮箱、车轮及发动机部件、主起落轮、C-121 和 C124 运输机地板横梁
60 年代	B-47 和 B-52 主起落轮、卫星零部件、HC-直升机地板、飞机座舱顶棚框架、Appllo 振动监测设备、S-64B 起落架齿轮箱
70 年代	F-20 减速装置及座舱顶棚框、CH53E 直升机传送箱
80 年代	直升机传动系、PW100 涡轮发动机部件、Garrett TPE331 等涡轮发动机部件、恒速传动、辅助动力设备、进气管、喷气发动机传动齿轮箱

1934 年开始，德国在航空器上采用了许多镁合金部件。二战时期，美国在当时设计生产的世界上最大的轰炸机 B-36（总重 162727kg）上，使用了 5555kg 镁合金板，700kg 镁合金锻件和 300kg 镁合金铸件。在 20 世纪 50 年代期间，DOW 化学公司生产了大量镁合金板用于航空和火箭工业及远程洲际弹道导弹。到了 20 世纪 90 年代，在汽车工业发展的推动下，解决了镁及其合金存在的一些问题，继而带来了第二个镁的研究和应用的高潮，同时，也重新引起了航空航天工业

使用镁材料的兴趣。

现在，镁及镁合金正重新登上航空航天的舞台。目前其应用领域包括各种民用、军用飞机，发动机零部件，螺旋桨，齿轮箱，支架结构，火箭、导弹和卫星的一些零部件。镁合金的低密度是促进其在航空、航天中使用的主导因素，也是最有利的因素。随着对镁合金的研究逐渐深入，其抗腐蚀能力和高温性能得到了很大改善，新的镁-钇合金(Mg-10% Y-(1 ~ 2) % Zn)，可以用于制造飞机发动机，以替代铝合金和钛合金。美国已利用镁合金复合材料制造螺旋桨、导弹尾翼等，海军卫星已将镁合金复合材料用于支架、轴套、横梁等结构件，其综合性能优于铝基复合材料。

镁合金的锻造件也可以用作航空部件，镁合金锻件在航空发动机上以及机轮上都有应用。航空器特别是导弹、卫星以及航天飞机上大量应用各种变形镁合金。例如“德热米纳”飞船的启动火箭“大力神”中使用了675kg的变形镁合金，直径1m的“维热尔”火箭壳体是用镁合金挤压管材制造的，战术航空导弹的舱段、副翼蒙皮、壁板、加强框、舵面、隔框等元件，诱饵鱼雷壳体，以及雷达，卫星上用的井字架，相机架，各种仪器支架和壳体等，也都大量采用变形镁合金。

中国的镁合金在航空航天领域被广泛应用于制造飞机、导弹、飞船、卫星等重要机械装备零件，以减轻零件质量，提高飞行器的机动性能，降低航天器的发射成本。早在20

世纪50年代，中国仿制的飞机和导弹的蒙皮、框架及发动机机匣已采用镁稀土合金。20世纪70年代后，随着中国航空航天技术的迅速发展，镁合金在歼击机、直升机、导弹、卫星等产品上逐步得到推广和应用。如ZM6铸造镁合金已经用于制造直升机后减速机匣、歼击机翼肋及30kW发电机的转子引线压板等重要零件。MB25稀土高强镁合金已代替部分中强铝合金，在歼击机上获得应用。上海交大成功突破了高强稀土镁合金的成型难题，制备了多种结构复杂的镁合金机匣，如图8-1所示。目前中国这类机匣以进口为主。但上海交大研制的镁合金机匣的力学性能和缺陷探伤的检测结果表明，这类镁合金铸件已经达到甚至超过了进口产品的水平。

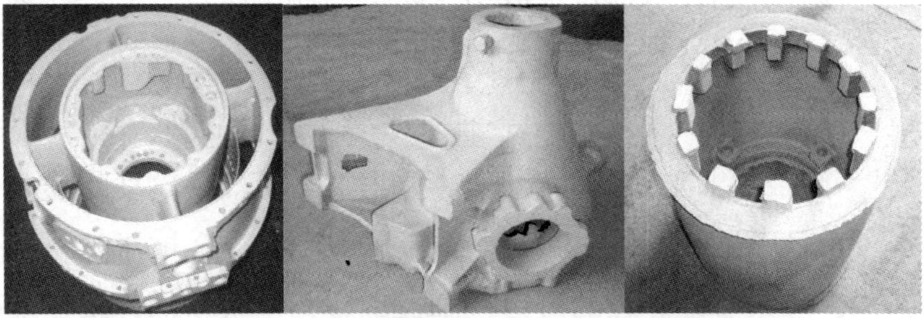

a　　　　b　　　　c

图8-1　用镁合金制备的机匣、导弹壳体

a—JDM1铸造镁合金发动机机匣；b—JDM2铸造镁合金某型直升机尾减速机匣；c—JDM2铸造镁合金某型导弹壳体（ϕ600mm×400mm）

上海交大对高强度稀土镁合金的挤压、锻造和轧制性能进行了系统的研究，目前已经能够生产各种不同截面的挤压型材，如JDM2合金与常规等温热挤压工艺相结合，成功地制备了某型轻型导弹尾翼（图8-2a）；JDM1合金与常规等温热挤压工艺相结合，成功地制备了ϕ145mm的无缝管（图8-2b），该管材用于某型轻型导弹壳体的制备。还通过分步自由锻与最终模锻相结合，成功地解决了多种大型承力结构件的锻造难题，将促进镁合金在航空航天领域承力支架等结构件上的应用。

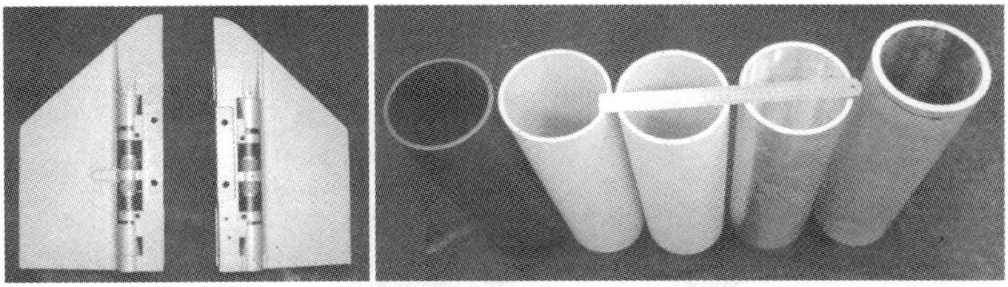

a　　　　b

图8-2　JDM2镁合金等温挤压某型轻型导弹尾翼（a）和JDM1合金等温挤压轻型导弹管材（b）

中北大学研制的镁合金零件在国防军工领域的多种装备上获得应用：液桥框架取代原同类产品，质量减轻33%，解决了该零件超重的难题；散热框架已用于某机载雷达，为提高整体性能做出贡献；镁合金翼化、头螺和尾翼筒等零件，已在某型号火箭和弹体上得到应用，大幅度提高射程；纵火炬大幅提高了装备的纵火性能，减少机加工时60%以上。

中科院长春应化所利用自己研制的稀土中间合金（图8-3），开发制备了高性能的×××稀土镁合金，提供给中科院长春光机所，用作神舟六号飞船上搭载航天相机制备的零部件（图 8-4），成功实现减重 13kg。此外，还为某新型导弹试制稀土镁合金 YHER4 壳体，已经完成定型试制（图 8-5），建立了相应技术标准，并被确定为以后弹箭用稀土镁合金材料的研制和生产供货单位之一。×××稀土镁合金，于 20 世纪 90 年代就曾用于国产歼 7 和轰炸机的受力构件上，获专利发明奖。

图 8-3 中国科学院长春应用化学研究所稀土中间合金生产现场

图 8-4 神六相机用稀土镁合金部件

图 8-5　某新型导弹用稀土镁合金部件

第二节　镁合金在交通运输工具中的应用

随着世界能源危机与社会环境污染问题的日趋严重，汽车和摩托车节能和轻量化成为重要问题。因为世界上用于汽车的耗油量占世界交通运输系统的 70% ~80%，占世界石油总消耗的 20% 左右。为满足环境保护和节省燃料的要求，需降低车体质量以减少能源消耗和污染。因为镁的密度是铝的 2/3，锌的 1/4，钢或铸铁的不到 1/4，对于含 30% 玻璃纤维的聚碳酸酯复合材料来说，镁的密度也不超过它的 10%。所以，镁合金作为一种轻量材料正越来越多地被应用于交通运输工具的生产制造业上。

一、镁合金在汽车工业上的应用

资料显示，汽车所用燃料的 60% 消耗于汽车自重。汽车质量每降低 100kg，每百公里油耗可减 0.7L，CO_2 排放可减少约 500g；汽车自重每降低 10%，燃油效率可提高 6% ~

8%。世界各大汽车公司已经将采用镁合金零部件作为重要的发展方向。

（一）国外镁合金在汽车上的应用

国外汽车生产制造厂商用镁合金减重已有70多年的历史。1930年德国首次在汽车上用镁合金73.8kg。1936年德国大众汽车公司开始用压铸镁合金生产“甲壳虫”汽车的曲轴箱、传动箱壳体等发动机、传动系零件。到1980年，大众公司共生产了1900万辆甲壳虫汽车，用镁合金铸件共达38万吨，创批量生产镁合金的最高纪录。长期以来，尤其是20世纪90年代以来，德国在镁合金领域一直在世界上处于领先地位。奔驰汽车最早采用镁合金车座支架，奥迪汽车第一个推出镁合金压铸仪表板，德国是推动镁合金压铸发展的先驱和主力军。大众汽车公司2002年推出的每百公里耗油（柴油）1L（实际0.189L）的双座微型概念车，净重260kg，其中镁合金占35kg。2004年6月，宝马发布了采用镁合金的直列6缸引擎，曲轴箱内部采用铝合金，外部采用镁合金，排量3.0L，比全球最轻的161kg重的直列6缸引擎，减重7%（10kg）。

美国在1948～1962年的10多年间，采用热压铸件生产了数百万件镁铸件用在汽车上。福特、通用和克莱斯勒等公司一直致力于新型镁合金和镁合金离合器壳体、转向柱架、进气管及照明夹持器等汽车零部件的开发和应用，替代效果十分明显，促进了镁合金的发展。1992年福特用镁合金压铸件30个、通用45个、克莱斯勒20个，到1993年又增加

1倍。三大公司镁合金铸件用量占北美镁总耗量的70%，达14282t。其中福特最多为8258t，通用为3436t，克莱斯勒为2588t。1997年通用汽车公司成功地开发出镁合金汽车轮毂，福特汽车公司也于1997年采用半固态压铸技术生产出镁合金赛车离合器片与汽车传递零件。1998年福特公司推出的P2000系列的Diata混合动力轻质概念车使用了103kg镁合金，是目前单车使用镁合金的最高纪录。

日本镁合金的开发与应用也十分迅速。20世纪80年代末期，日本开发出镁合金低压铸造装置，为镁合金的开发与应用提供了保证。如丰田汽车公司首先制造出镁合金汽车轮毂、转向轴系统、凸轮罩等零部件。1997~1998年日本汽车用镁合金压铸件已增至3300t。2001年，丰田推出的4座轻量小型概念车ES3，采用镁合金为框架的网状结构。目前日本各家汽车公司都在生产和应用大量的镁合金壳体类压铸件。2004年，日本还利用阻燃性镁合金挤压材料制作成汽车顶箱，与FRP强化塑料相比，质量大约可减轻25%。

澳大利亚CAST公司于2004年9月成功研制出可在高温下使用并用于制造未来汽车引擎的镁合金AM-SCI，可减少引擎质量的70%。该合金已在德国大众汽车上进行了5.6万公里运行试验，美国福特汽车制造厂于2004年底率先使用该合金生产福特2.5L DURATEC引擎。

20世纪70年代以来，各国尤其是发达国家对汽车的节能和尾气排放提出了越来越严格的限制，汽车轻量化呼声强烈。1993年欧洲汽车制造商提出“3L汽油轿车”的新概念，美国提出了“PNGV”（新一代交通工具）的合作计划。其目标是生产出消费者可承受的每百公里耗油3L的轿车，且整车至少80%以上的部件可以回收。这些要求迫使汽车制造商采用更多高新技术，生产质量轻、耗油少、符合环保要求的新一代汽车。单车用镁合金的质量已经成为衡量汽车性能的标准之一；1999年全球单车平均用镁合金铸件3kg，欧美单车用镁量较高，如“甲壳虫”单车用镁量已经超过20kg，预计20年后平均单车用镁量会超过100kg。

长期看，汽车行业用镁增长点主要集中在车身、底盘和高温件。表8-2列出了未来几年内汽车工业可能使用镁制品的15种汽车零部件的用量。

表8-2 15种汽车零件的镁合金用量

序号	零件名称	每车用量/kg	序号	零件名称	每车用量/kg
1	变速器壳体	4.8	9	转向支架	1.4
2	离合器壳体	4.0	10	仪表板	4.0
3	座椅骨架	8.0	11	车门框	8.0
4	转向盘芯	1.0	12	车顶架	2.7
5	气缸盖罩盖	0.8	13	防护板	3.0
6	进气管	1.5	14	汽缸体	7.0
7	车轮毂	16	15	气门	0.5
8	门锁芯壳	1.4			

汽车用镁合金零部件绝大部分是压铸件，在减少汽车质量，提高燃料的经济性，保护环境，提高安全性和驾驶性，增强竞争力等方面效果显著，在汽车行业应用潜力大。用镁

合金制造壳体类零件，不仅可减轻质量，而且由于镁合金的阻尼衰减能力强，因而可以降低汽车运行时的噪声。

镁合金作为结构件是由于其比强度高，在相同质量下可获得较高强度，而且阻尼良好并有很高的抗冲击韧性，尤其适宜制造经常承受冲击的部件。如转向轴、座椅架和轮毂等采用阻尼良好的镁合金后，既减轻了汽车的自重，又提高了汽车行驶过程中的平稳性和安全性。随着技术的发展，镁合金结构件应用的数量将会增加。

（二）国内镁合金在汽车上的应用

中国在汽车工业应用铸造镁合金起步较晚，目前约有20家企业从事镁合金压铸件的生产和研究。中国的科研院所、大学通过在AZ系合金中加入钙、硅、锑、锡、铋、稀土等元素，成功研制出一系列新型高温抗蠕变镁合金。这些合金元素的微合金化作用，使AZ91D合金的应用领域从原来只能用于汽车的结构部件，如阀套、离合器壳体、方向盘轴、凸轮罩、刹车托板支架等，扩大到高温部件齿轮箱、曲轴箱、发动机壳体、油盘等。第一汽车集团公司（一汽）、第二汽车集团公司（二汽）、上海汽车集团公司（上汽）以及长安汽车公司在研究和开发镁合金在汽车领域的应用方面发挥了重要作用。

上汽在国内最早将镁合金应用在汽车上。20世纪90年代初，该公司首次在桑塔纳轿车上采用镁合金变速箱壳体、壳盖和离合器外壳，单车用镁合金约8.5kg。目前桑塔纳轿车镁合金变速箱外壳年用镁量达2000t以上，镁合金踏板支架压铸件已经开始批量生产供货。电动汽车镁合金电机壳体零件全部通过台架试验，正在进行装车试验。

一汽开发了抗蠕变镁合金，用于制造高温负载条件下的汽车动力系统部件，还成功开发出汽缸盖罩盖、脚踏板、方向盘、增压器壳体、传动箱罩盖等镁合金压铸件，并已应用于生产。一汽奥迪生产的 Audi A6 2.8，镁合金材料用于高技术控制系统，使车体质量减轻了 27kg。

东风汽车公司开发研究的镁合金零部件包括：载重汽车脚踏板、变速箱上盖、制动阀壳体、真空助力器隔板、发动机汽室罩盖、富康轿车用的方向盘芯、缸体罩盖、进气管、门锁芯壳、转向支架等系列产品。目前，东风汽车公司已有 8 种镁合金脚踏板安装在东风“天龙”系列卡车上，2003 年底用镁量已达 300t 以上。东风汽车公司研发和生产的镁合金压铸件与其他材料相比的减重情况见表 8-3。

表 8-3 东风汽车公司开发和生产的镁合金压铸件

零件名称	原用材料	质量/kg	应用车型	年产量/万件	镁件质量/kg
变速箱上盖	铝合金	2.5	中型车	15	1.6
中间隔板	铝合金	2.0	轻型车	6	1.4
发动机气室罩盖	铝合金	2.4	轻型车	5	1.6
方向盘	钢结构	4.0	微轿	6	0.9
离合器壳	铝合金	4.0	轿车	6	2.8
变速箱壳	铝合金	4.8	轿车	6	3.3
发动机支架	铝合金	1.5	轿车	6	0.9
阀体零件	锌合金	2.5	轻型车	10	0.7
脚踏板	钢件	5.0	轻型车	10	1.1

长安汽车集团生产的“长安之星”微型车上实现了单车用镁合金8kg，这一水平刷新了国内领先水平，达到国际先进水平。生产的变速器上、下箱体延伸体和缸罩等7种零件，2004年已大批量装车进入市场销售。

二、镁合金在汽车上应用的新进展

（一）全镁合金发动机缸体研制成功

车辆的能耗和排放量与其惯性质量而不是静态质量成正比。据统计，车辆的旋转、往复运动和动力输出部件（动力系统、轮毂等）的惯性质量要远高于车辆的静态质量（车身等部件）。惯性质量大的部件每减少1kg的静态质量，能减少10～15kg的惯性质量。因此，大型惯性质量部件的轻量化是减少能耗和尾气排放最有效的方式之一。

最近，BMW公司发布了一款采用镁合金和铝合金复合的发动机缸体（BMW R6 3.0L发动机缸体），比上一代铝合金发动机缸体减少了24%的质量。如果能制备全镁合金的发动机缸体，减重效果将更加显著。

上海交通大学采用自主开发的JDM1镁合金，结合自主研发的精密砂型低压铸造、复杂铸件的组芯技术、树脂砂芯冷芯盒射芯技术和型砂阻燃剂与阻燃技术等工艺成功地制备了质量良好的V6镁合金发动机缸体，如图8-6所示。

（二）发动机缸套用镁基复合材料的研制

上海交大以Al_2O_3短纤维、原位自生颗粒等为增强相，

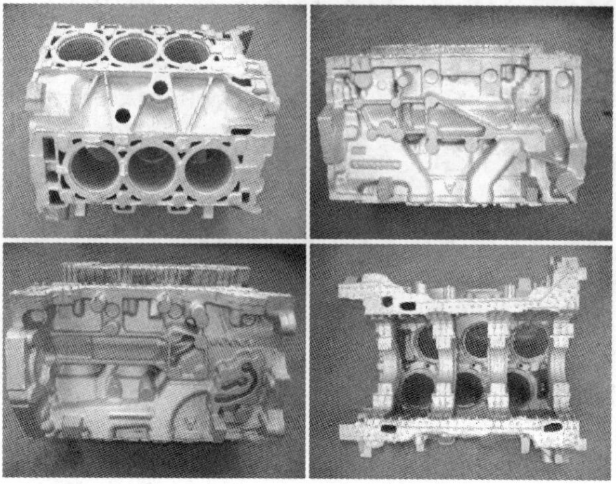

图 8-6 JDM1 镁合金 V6 发动机缸体

通过压力浸透、压铸、重力铸造等成型方式，开展了缸套用镁基复合材料的工艺开发、微结构表征、力学和摩擦学行为的研究，采用层流压铸技术一次成型的单缸发动机复合材料缸套如图 8-7 所示（图中截面颜色较深的为 Mg-RE 复合材料缸套层，如箭头所示），在发动机内壁采用

图 8-7 Mg-RE 镁合金单缸发动机

复合材料，以提高缸套内壁的耐摩擦性能。其屈服强度相对基体合金有大幅提高，抗拉强度也有一定提高，蠕变性能明显高于基体合金，但复合材料的伸长率下降明显。

（三）JDM3 合金用于发动机活塞的研制

活塞被称为发动机的心脏，是汽车发动机中传递能量的一个非常重要的构件，对其材料有特殊的要求：密度小、质量轻、热传导性好、线膨胀系数小，并有足够的高温强度、耐磨和耐蚀性能、尺寸稳定性好。由于工作环境恶劣，发动机活塞通常采用耐热性良好的铸铁和高硅铝合金制造。但采用这类材料铸造的发动机活塞在与镁基复合材料制备的缸套配合工作时，会产生因材质差异过大而导致发动机运行时活塞与缸套之间的磨损量增大的现象。为了解决这一问题，上海交大开发了高稀土含量的 JDM3 合金，可在 300℃下长期使用，同时针对发动机活塞开发了其重力铸造和低压铸造成型工艺。图 8-8 为机加工后的镁合金发动机活塞。

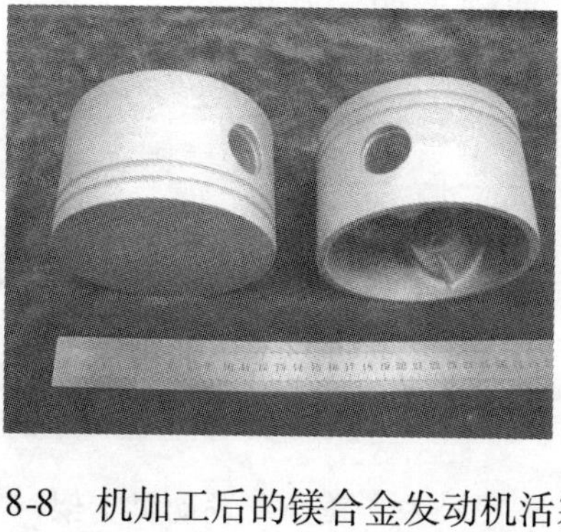

图 8-8 机加工后的镁合金发动机活塞

JDM3 镁合金在 300℃/50MPa 条件下，稳态蠕变速率仅为 $6.60 \times 10^{-8} s^{-1}$，100h 的蠕变应变总量仅为 1.76%，蠕变性能较好，已经满足活塞的性能需求。

（四）低压铸造镁合金发动机支架

目前，由于汽车大多为前轮驱动，大部分部件都集中在前舱，特别是动力系统，使得汽车的前舱质量过重，影响汽车的可操控性能和安全性能。汽车动力系统中，发动机支架占动力系统总重的 8% ~10%，采用钢梁焊接的发动机支架总重在 25 ~30kg，而采用镁合金制造的发动机支架的质量为 8 ~9kg，有明显减重效果。因此目前世界各大汽车公司都在积极研发镁合金发动机支架。

上海交大针对发动机支架铸件的特点，对镁合金发动机支架铸件的低压铸造成型过程进行计算机模拟，调整铸造模具的结构和铸造成型工艺，采用结构力学分析软件分析镁合金发动机支架铸件在热处理过程中的变形趋势，设计出合理的热处理工艺及装备。采用该技术已成功试制出质量良好的镁合金发动机支架铸件（图 8-9），为实现镁合金发动机支架的工业化生产奠定了技术基础。

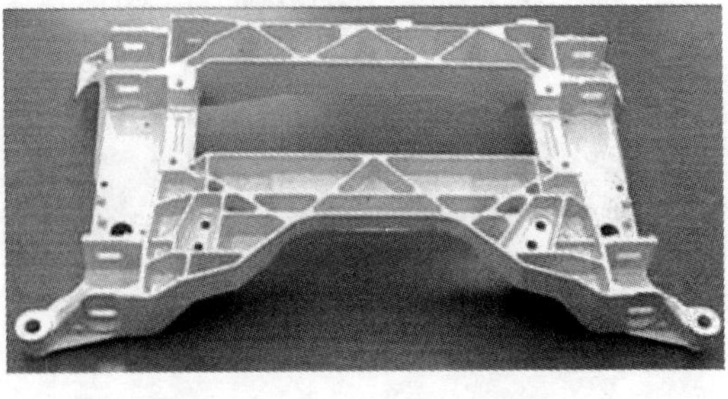

图 8-9　镁合金发动机支架

（五）成功地小批量试制了合格的镁合金轮毂

轻量化和舒适化是当今轿车发展的主流方向。轮毂是轿车的关键部件，具有较大的惯性质量，发展轻质的镁合金轮毂具有比其他汽车部件更为显著的减重潜力（降低油耗），同时还能明显提高轿车的舒适性（减震效果）。

上海交通大学在国内首次开发了专门适合于汽车轮毂使用要求的强度较高、韧性较好的 JDM1 镁合金，采用结构力学分析进行镁合金轮毂结构优化设计；通过铸造工艺计算机模拟，研发镁合金轮毂专用材料的熔炼与熔体净化技术、轮毂的重力和低压成型工艺；开发了轮毂超声阳极氧化 + 电泳的表面处理技术，其耐蚀性和抗冲击性可完全满足汽车轮毂恶劣的应用环境的要求，并建成示范生产线。

采用该技术已成功地小批量试制出了合格的镁合金轮毂，并通过了国家车辆检测中心的轮毂台架试验测试，其弯曲疲劳性能已达到测试标准的 4.6 倍（标准要求 10 万次，实际通过 46 万次），为实现镁合金轮毂的工业化生产和大规模应用奠定了技术基础。

实际装车路况实验表明，在各种路况下，镁合金轮毂都具有明显的节能效果：在高速公路上行驶时，每公升汽油铝合金轮毂能够行驶 10km，而镁合金轮毂能够行驶 12km，节能效果达到 20%；在一般市区道路上行驶时，镁合金轮毂能够节能约 15%；而在塞车状态下，镁合金轮毂也节能 5% 左右。因此，采用镁合金轮毂在节能减排方面效果显著。

（六）汽车零部件的开发综合应用

重庆博奥镁铝金属有限公司与长安汽车公司联合国家镁合金工程中心，共同对长安 CVⅡ车型进行了零部件的开发综合应用，共开发 12 个零部件，总用镁量约 20kg，其零部件全部通过了相关机构的性能检测及路试，已小批量投入生产，表明中国镁应用技术已走到了世界汽车工业用镁的前列。其中镁合金动力总成共用镁合金 12.99kg，共减重 6.605kg，如表 8-4 所示。

表 8-4　长安 CVⅡ型用镁合金零部件减重对比

零件名称	镁合金零件图	替换前的材料	替换后的材料	替换前的质量/kg	替换后的质量/kg	共减重/kg	减轻率/%
CA20 油底壳		ADC12	AE44	4.5	3.366	1.134	25.2
CA20 汽缸盖罩		ADC12	AZ91D	2.125	1.436	0.689	32.4
变速器左箱体蜗盖		ADC12	AZ91D	0.36	0.238	0.112	32
变速器左箱体		ADC12	AZ91D	6.27	3.96	2.32	37
变速器右箱体		ADC12	AZ91D	6.35	4	2.35	37

汽车行业对成本非常敏感。材料价格大幅波动，直接影响设计师采用镁合金设计汽车零部件，当前，镁合金的主要替代品是铝合金。有的加工企业认为，当镁和铝的比价为1.5∶1以下时，镁部件和铝部件的成本大致相等。在镁铝比价为1.3∶1时，理论上说汽车工业对镁压铸件的需求将没有限制。该企业对镁部件和铝部件的成本进行了比较，其结果如表8-5所示。

表8-5　镁部件与铝部件的成本比较

比较项目	比 较 结 果
材料费用	镁合金的密度比铝合金小35%，在材料使用上可降低35%
壁　厚	镁合金压铸壁厚可比铝合金小5%，在材料可再降低5%
模　具	镁与铁的亲和力低，可使模具的寿命延长20%～50%
压铸效率	镁的热容量小，需要压铸的速度快，压铸效率可比铝合金提高15%～20%
机械加工效率	镁比铝更容易加工，根据合金不同可使加工效率提高5%～20%，同时可延长加工刀具的寿命
金属损失	镁容易出渣，使镁金属损失率比铝高5%

注：资料由重庆博奥镁铝股份公司提供。

20年来在各汽车厂的共同努力下已开发出了上百个汽车用镁合金零部件，其中大部分已投入在不同车型上并已规模化生产，若将其相加，总质量可以达到100kg以上，如表8-6所示。

表 8-6　汽车用部分镁合金零部件

部位	零部件	质量/kg	部位	零部件	质量/kg
悬挂系统	车轮(4×8)	14.5	车内	ABS 模块	0.5
	备用轮	2.7		离合器/刹车踏板、踏板组合件	1.4
	控制梁(2·后)	2.3		发电机箱	0.7
	控制梁(2·前)	3.6		DVD/EEC 部件	0.5
	引擎支架	5.4		雨刮电机/其他	0.9
	后支架/组装件	4.5		发电机/AC 支架	0.9
车身	缓冲器加强梁	3.2		变速箱(阀体、箱体、侧盖、导向器)	11.4
	门内框(4×7)	12.7		传动箱(15%的质量×12%)	1.6
	A/B 梁	3.6		引擎体	10.0
	加强件	4.1		支架	2.3
	行李架	1.4		套管	2.7
	外车镜	0.7		阀盖	1.4
车内	仪表盘梁	6.8		进气歧管	2.7
	其他 IP 支撑件	3.6		引擎架	2.3
	座椅后背	2.7		油盘	2.7
	座椅垫	3.6		前盖	1.8
	气囊件	0.7	镁件总质量		122.7
	转向部件(传动器盖、方向盘、动力转向、泵盖)	2.7			

注:资料由重庆博奥镁铝金属公司提供。

三、镁合金在摩托车上的应用

用镁合金制造摩托车发动机、轮毂、减速器、后扶手及减振系统等部件，不仅能减轻整车质量，提高整车加速和制动性能，还能降低行驶振动、排污量、噪声及油耗。由于镁合金具有极佳的减振性能，在驱动部件和传动部件上应用镁合金，可提高驾乘的舒适度，同时便于镁合金回收利用。

（一）国外镁合金在摩托车上的应用

摩托车用镁合金起源于20世纪30年代的欧洲。欧洲人一贯崇尚运动，每年摩托车大赛有很多。1938年英国伯明翰首次将镁合金运用到名叫“金星”的摩托车变速箱壳体上。1939年英国AJS公司推出名为“超级动力”的摩托车赛车，其曲轴箱是用镁合金制造的。20世纪70年代后出现摩托车镁合金轮毂、制动盘、离合器外壳等。20世纪80年代，摩托车镁合金用量不断增多，应用部件多达50余种，规模更大，层次更高，涵盖了发动机系列、传动系列、悬挂系列、框架以及各类附件。镁合金摩托车部件最精美的要算意大利的奥古斯塔（MV Agusta）。

美国的摩托车公司在全球是最多的。如美国的贝奥（Buell）公司2002年生产的“霹雳XB9R”型摩托车，其前灯梁、头灯壳、仪表盘以及大量电镀配件和装饰件都是用镁合金制造的。

日本摩托车采用镁合金部件完全依照欧美模式，最早也是从发动机入手，再扩展到其他部件。最成功的是川崎（Kawasaki）ZX系列，ZX-6发动机采用了镁合金汽缸、机油箱面板、离合器盖、油泵盖，整个发动机减重4kg。本田公司的 RC51 系列，将镁合金用于发动机部件，包括离合器盖、汽缸盖、左右曲轴箱盖、后轮悬架、机油箱及隔板、油冷器阀门盖等。

（二）国内镁合金在摩托车上的应用

中国摩托车工业发展迅速，自 1997 年起，摩托车产量首次突破 1000 万辆，占世界摩托车总产量的 43.6%。但国产四冲程及二冲程摩托车约有一半不能直接满足欧洲 1 号排放标准，而且振动、噪声不理想。重庆镁业科技股份有限公司承担了“镁合金在摩托车上的应用”“十五”国家科技攻关专题，以具有自主知识产权的核心技术体系，已成功试制了 LX150 的“镁合金绿色概念摩托车”。其中发动机曲轴箱体、箱盖及前后轮毂、尾盖、后扶手等 12 个零部件用镁合金材料。仅轮毂减轻质量 3kg，整辆摩托车减轻质量 6kg 左右，使摩托车的 CO、NO_x 排放降低约 70%，达到并超过欧洲 1 号排放标准，开创了中国摩托车大量采用镁合金的先例，实现了材料的合理替代。该车的研制成功引起了世界各国的极大关注，同时也为绿色环保摩托车的发展指明了方向。重庆隆鑫摩托每年生产发动机镁合金部件 120 万件、装车 40 万辆，力帆也取得了类似的进展。至今两家累计生产摩托车 700 万 ~ 800 万辆，取得了很好的经济效益和社会效益。

四、镁合金在自行车上的应用

镁合金使用在自行车上，不仅质量轻、刚度大、加速性及稳定性好，而且还可吸收冲击与振动，骑行轻快舒适，不易疲劳。

（一）国外镁合金在自行车上的应用

目前国外镁合金自行车部件包括：轮毂、车把夹、脚踏板、制动器、前把、框架等十几个部件。Annondale、Pinarello、Paketa、Saracem、Kili 等全球著名的自行车制造商均在自行车制造中采用了镁合金零部件。其中，Pinarello 公司是世界三大顶级自行车厂商之一，Paketa 公司生产的 38cm (15″)型镁合金自行车框架仅有 1190g。

（二）国内镁合金在自行车上的应用

1999 年，中国相关研发学院与自行车及其零部件厂商开始投入镁合金自行车的研发工作，目前生产的镁合金自行车的整车质量最低可达 8kg 以下。台湾的自行车厂商已经将镁合金大量运用于跑车、登山车、折叠车等高级车种，折叠式镁合金自行车的质量可降低至 6.4kg。作为中国第一家批量生产镁合金自行车的企业，北京首特钢远东镁合金公司引进德国富来公司的大型冷热室压铸设备，压铸自行车的整体车架、接头及关键零件，所生产的名为“运动美”的自行车多次送到国家自行车检测中心进行检验，通过了认定。上海交通大学轻合金精密成型国家工程中心（上海美格力轻合金有限公司）研制的山地自行车，其整车车架和车轮均为镁合金。到 2003 年底，已生产 2 万辆镁合金自行车，轻便型车自身质量仅 8kg，最重的前后避振整体车架也只有 15kg。

第三节 镁合金在电子器材中的应用

随着电子产业的飞速发展和数字化技术的进步，出现了如便携式电脑、手提电话、小型摄像机等各类数字化产品，对电子器材壳体提出了越来越高的要求。而镁合金具有密度小、比强度和比刚度高以及薄壁铸造性能良好、导热性好、电磁屏蔽能力强、减振性好和可以回收利用等优点，完全可满足这些电子器件向高度集成化和轻薄小型化方向发展的要求，可替代部分工程塑料。因此，近年来在电子器材中的应用正以25%的年增长率得到快速的发展，显现了诱人的发展前景。

一、镁合金制造电子器材壳体的优势性

电子器材的外壳要求发挥其结构性功能，保护内部电子、光学等元件避免损坏；要求质量轻、刚度好、耐冲击性强、电磁相容性符合标准、散热能力强、成型加工性好、表面美观耐用、无易燃性、成本低、易于回收和符合环保要求等。镁合金与传统3C产品（计算机、通信、消费类电子产品）所使用的材料相比，其优越性是：

(1) 轻量化。目前，电子器材外壳一般采用工程塑料（PC，PC/ABS…）制作。但当塑料件在壁厚接近1mm时，其刚度、耐冲性、抗挠曲变形的能力则大大降低，一般的塑料已无法满足要求，而镁合金则具有明显的优势。镁合金的

密度虽然是塑料的 1.5 倍，但塑料在刚度、散热性以及可回收方面都不及镁合金。表 8-7 列出了几种材料的壁厚和质量的比较结果。

表 8-7 几种材料的壁厚和质量比较

材 料	密度/kg · m^{-3}	弯曲弹性/GPa	必需壁厚/mm	质量比/%
PC/ABS	1.14×10^3	2.4	1.6	100
镁合金	1.8×10^3	47.0	0.59	59
铝合金	2.7×10^3	67.0	0.53	78

由表 8-7 可见，采用铝合金所需壁厚为 0.53mm，质量为 PC/ABC 的 78%，采用镁合金的质量仅为 PC/ABC 的 59%。

（2）辅助散热。一般金属的热传导性是塑料的数百倍。镁合金的热传导性略低于铝合金及铜合金，但远高于钛合金，比热容则与水接近，是常用合金中最高的。从笔记本电脑等产品的散热需求来考虑，镁合金外壳传热快，自身又不容易发烫，无疑是制作电子器材壳体的极佳材料。

（3）电磁相容性。个人电脑、移动电话等在使用时将发出高频电磁波，会引起干扰信号，降低通信和运算的质量，对人体健康造成危害。要解决电磁干扰，需进行电磁屏蔽处理，可通过合理选择材料和加工处理来解决。由于金属本身就是良导体，采用镁合金制造电子器材外壳不需要作导电处理就能获得很好的屏蔽效果。

（4）成本。注射成型镁合金制品的成本构成为：原材料与成型各占 10%，二次加工与后处理各占 30%、50%。

据资料介绍，解决电磁屏蔽所需的费用占一部塑料壳体手机总成本的10%以上，采用镁合金可节省下这笔费用，并且，镁合金有优异的切削加工性，也助于降低生产成本。

（5）环境保护。随着对环境保护呼声的日益高涨，各国政府都在制定相应的环境保护法规。如日本1998年6月公布了“家电回收法”，规定自2001年起，电视、洗衣机、冰箱、空调必须强制回收，松下电器公司1998年3月率先推出铝、镁合金外壳的53cm的电视机。因为镁合金与无法回收的加碳铁/金属粉的塑料，或是与含有毒阻燃剂的阻燃性塑料相比，具有很大优势，只要花费相当于新料价钱的4%，即可将镁合金制品及废料回收使用，所以称为环境友好的材料。

（6）其他优点：

1）减振性能良好：镁合金的比强度高于铝合金，比刚度、疲劳强度与铝合金相当，比阻尼容量是铝的10～25倍，锌合金的1.5倍，可大大减少噪声及振动，用在便携式设备上可减少外界振动对内部精密电子、光学元件的干扰。

2）耐蚀性佳：盐雾试验表明，镁合金的耐蚀性为碳钢的8倍，铝合金的4倍，超过塑料10倍以上。

3）质感极佳：镁合金的外观及触摸质感较佳，对工业设计师以及消费者都具有不可阻挡的诱惑。

二、镁合金在电子器材中的应用

镁合金在欧美率先用于汽车零部件以减轻质量，随之向电子、电气行业发展，在亚洲，中国台湾直至目前都以镁合金为主体制作笔记本电脑壳体。日本通常在数码相机、CD机外壳、电脑零部件等方面逐渐普及应用镁合金，家用换气扇的叶片也用镁合金材料取代塑料，即使普通商品也使用镁，并考虑增加其用量。

国内整个电子、电气行业市场广阔，发展速度快，在零部件制造方面，从压铸到塑性成型都有一定工作基础。

（1）便携式电脑。据权威预测，今后33mm以上的笔记本型电脑显示器外壳都将采用镁合金制作。但一个钢模生产一定数量的成品后会被磨损，成本又高，无法大批满足要求。后来台湾地区的Watter科技公司和Catcher科技公司等模具制造商，将每个钢模的铸造产量提高到5万件，提高了规模，节约了成本，使全球笔记本电脑制造商再次考虑用镁合金取代塑料的问题。

（2）通信器材。移动通信过程中的电磁波是通过无线接收和发送的，采用镁合金制造移动电话外壳后，电磁相容性大大改善，减少了电磁波的散失，提高了移动电话的通信质量，并减少了电磁波对人体的伤害。此外，还提高了外壳的强度和刚度不易损坏，满足了轻巧、美观、实用的要求。日本Kyooera公司也已经将原来的PC/ABS塑料改变为镁合金，据估计，外壳厚度可望减至0.5mm以内。

（3）摄录像器材。1995年索尼公司成功地研制出世界上第一台外壳采用镁合金压铸的数字摄像集成系统VTR并投放市场，以结构紧凑、质量轻、强度高、手感好、功能多而著称。压铸镁合金薄壁复杂形状铸件已经用于制造索尼便携式数字摄像机 DCR-VX1000 壳体。

（4）数码视听产品。索尼公司推出的 TCD-D100 数码随身听机壳为镁合金压铸件，机身尺寸为 2.9mm × 7.9mm × 11.7mm，带电池重 377g。索尼的 MZ-E50 新型微型唱机，其外壳采用镁合金半固态注射成型，壁厚仅为 0.6mm，含电池和 MD 碟片总重 120g。

三、稀土镁合金在 3C 产品中的应用新进展

有关学者的研究结果表明：AZ91D 的抗拉强度随着温度的上升而下降，150℃ 的抗拉强度对比 25℃ 时，下降约为 30%。为了提高 AZ91D 的高温性能，人们尝试在 AZ91D 合金中添加铈、镧、钇等稀土元素，使合金的室温及高温力学性能均有明显的提高。加入稀土在提高高温性能的同时，也会影响合金的流动性能。

嘉瑞集团创金美科技有限公司在 600T 热室镁合金压铸机上，采用与 AZ91D 相同的压铸工艺条件，进行了两款笔记本电脑外壳的压铸试验生产，一是 AZ91D 镁合金，一是在 AZ91D 镁合金基础上，添加稀土元素 La(0 ~ 0.5%)、Ce (0 ~ 0.5%)和 Y(0 ~ 0.3%)。实际压铸生产表明，添加稀土元素能显著改善笔记本电脑外壳压铸成型过程中的欠铸缺陷，有效提高产品的合格率，同时根据生产成本分析，添加稀土的成本相对于 AZ91D 控制在 15% 以内。

第四节 镁合金在其他民用领域中的应用

镁合金在其他民用领域中的应用主要有以下三个方面:

（1）制作各种手动工具壳体、便携式工具壳体、园林工具壳体;

（2）制作运动器械:高尔夫球头、头盔安全帽、淡水用独木舟和船体、弓箭把手、垒球球棒、背包架、钓鱼竿绕线轮、乒乓球拍、滑雪橇捆绑件、网球拍、弓箭手柄等;

（3）制作办公设备:如打字机框架、出纳机框架和机盒、铅笔刀、打印机卷轴、台架。

第九篇

安全与防护

第一章　皮江法炼镁的生产安全与防护

第一节　危　险　源

皮江法炼镁时的危险源有：高温、烟（粉）尘，易燃易爆可燃气体及作业活动场地，接触有毒有害物质的作业，各种炉窑的运行操作不当，高能高压设备的运行与操作不当，高处作业，复杂环境作业，灼烫的物料渣，车辆问题的伤害，触电，回转窑点火时窑头处回火导致人员烧伤，煤粉机喷煤管内燃烧，还原罐车间潜在的烫伤，机械伤害，粗镁库潜在的火灾，煤气设备及各种燃气管道泄漏，不戴防毒面具进行抢修引起中毒，余热锅炉爆炸，有害作业部位（粉尘、化学品、噪声、振动、高温、电气焊）等。

第二节　主要防护措施

皮江法炼镁工艺的主要防护措施有：

（1）预防镁液与水接触发生爆炸、喷溅事故。

（2）加强个体防护、技能培训。上岗必须穿戴工作服、工作鞋、防护手套、安全帽、防护眼镜和防护罩。

（3）制定完善的安全技术操作规程，严格对作业人员进行安全技术培训，防止误操作。

（4）定期检查、检修所有冶炼设备、运输车辆，以及相关辅助设施的安全隐患。

（5）确保工艺流程中的脱硫装置、除尘装置、抽风装置正常运行，改善作业环境。

（6）选用优质、耐高温、耐腐蚀的劳动防护用品。

（7）加强通风，保证工作场所的良好环境。

（8）安装安全预警装置。

（9）气体燃料作为炼镁能源的现场安全技术措施包括：

1）必须持有煤气工作证，戴上氧气呼吸器方准上岗工作，并应有人在现场监护；在有煤气的危险区域作业或巡视时，必须两人以上，严禁单人行动。

2）凡接触、操作、检修煤气设备的职工，必须经相关培训，并经考试合格，取得合格证才能上岗操作；动火之前必须先做气体分析，要求检修的煤气设备内空气的氧含量应在20.5%以上，点火送煤气的氧含量应不大于1%。

3）带煤气作业，40m以内禁止一切火源，应使用铜制工具或铝青铜工具，禁止使用铁质工具。

4）在煤气设备上动火，应备有防火消防设施。

（10）对管理工作的要求为：

1）要正确树立安全责任为天、人身安全至高无上的“安全第一”观念，增强安全是企业效益的保障，安全是企业最大效益的意识。

2）不折不扣地贯彻执行《安全生产法》，结合企业自身安全生产特点，制定各种安全生产的制度和操作规范，并严格执行。

第二章 镁合金生产的安全技术与操作

第一节 镁合金发生燃烧和爆炸的化学反应机理

镁具有极强的还原性质，能与水、空气、氧化物中的氧发生放热反应并产生燃烧和爆炸。由于镁与水中的氧发生作用，产生氢气并放热，积聚的热量和释放出来的易燃氢气可以引起燃烧和爆炸。镁块具有热容量大、热量散失快、燃点高的特性。将镁块加热到850℃高温，镁就会燃烧。镁块的温度达到650℃（熔点），固体镁块就会熔化，将液态镁继续加热到1100℃（沸点），就会有镁蒸气逸出，气体的镁就具有极强的燃烧和爆炸危害性。

由于镁的粉尘、碎屑、轻薄料的导热性好、热积聚快，彼此间又不能充分散热，以及它们的表面积大，与氧接触充分（有利于镁与氧发生反应）存在很高的燃烧、爆炸危害性，特别在潮湿的空气中，镁粉能够与水发生反应产生氢气，一旦遇上火星、火花、火焰也会导致迅猛的燃烧和爆炸。

第二节　镁合金生产的安全

一、炉料充分预热

凡是装炉的炉料，必须经过充分预热干燥后方可入炉，否则当炉内残存镁合金熔体时，会引起爆炸。最好采用机械化装料，装料时要选用碎料铺底，大块料不要直接碰撞炉底，以延长炉子寿命。

二、防止坩埚烧穿

坩埚在每次使用前应进行严格的检查，熔炉底部应备有坩埚渗漏时应用的安全装置，万一坩埚烧穿时熔体能顺利地从炉膛内排出而不致燃烧坩埚。装料不得超过其容量的90%，免得操作时溢出。

所有使用的工具，用前必须预热干燥。

三、严防熔体与水接触

在浇注过程中严防熔体与水接触。如果冷却水落入结晶槽内或熔体渗漏出来与水相遇，将有爆炸危险。熔炼工作场地应保持干燥、整洁、通风良好、道路畅通。地面要用铸铁板铺成，不准使用混凝土。因熔体一旦落到混凝土地面，就易与混凝土内所含水分相互作用而引起爆炸。在镁的熔炼及浇注场所应严格注意防水，安放熔炉的地坑内应保证干燥无水，熔炉附近的天窗结构应能防止雨水飘入；不准水管和蒸汽管道在其附近通过；熔炼及浇注合金熔体处的厂房应采用防火墙并与车间其他部分隔开。镁合金生产厂房中应禁止烟火。

四、严禁用水灭火

在任何情况下都要严禁用水灭火。一般的泡沫、干粉或二氧化碳等类型的灭火剂也扑不灭镁的燃烧，使用这些灭火剂只能加速镁的燃烧并引起爆炸。只能使用熔炼镁合金熔剂，如粉状光卤石等专用灭火剂灭火。

第三节 镁合金生产的安全操作

一、熔炼镁合金应遵循的安全条例

熔炼镁合金应遵循的安全条例如下：

（1）在熔体表面必须覆盖有熔剂或充以合适的气体保护，以防氧化。

（2）熔炼炉应定期做系统检查，定期清除剥落的炉衬，测量炉壁厚度。炉壁如有缺陷则应立即予以修复；炉壁过薄应更换。炉内衬的清理应在热态下进行。熔渣至少要每班清除一次。

（3）一旦出现故障，如可能，应在关闭热源后，将镁合金熔体倒出。

（4）在向熔炉加料时，只能使用经烘干的金属和熔剂。镁锭和镁屑在入炉熔化前，应预热干燥。

（5）应定期排除炉底及表面剥落的铁屑，以避免在熔炉出现故障时发生放热反应。

（6）必须准备有手动工具。手动工具在进入熔体前，必须经过干燥和加热。

二、操作人员的安全须知

操作人员应注意：

（1）要遵守一般的安全规程，要完善管理。

（2）穿着的衣服不要有皱褶，不要有开口的口袋，或其他易贮存镁粉的地方。工作服要易于脱下。

（3）穿着的衣服最好在二氧化硫中浸润处理过，使之能阻燃防火。

三、火势的控制和扑灭

首先撤走燃烧材料，并用合适的粉末灭火剂覆盖它。通常是用铁铲把燃烧的物料铲到钢板上，以限制燃烧的范围，使其在钢板上安全地燃烧完毕。

其次最重要的是，绝对不要用水或普通的液态或泡沫灭火剂去灭火。镁合金生产过程中发生火灾时必须采用D级灭火器、冷金属灭火器、熔剂、干沙等进行。

第三章　镁合金压铸安全生产操作规范

镁合金压铸安全生产操作规范包括：

（1）只有培训合格的人员才能上岗操作机器。机器必须接地，开机后，不许接触电器，机器接通电源时，所有面板及外罩均应处于正确位置。操作工必须穿戴好安全帽、安全鞋、安全服，而且手套、安全鞋、安全服和工作区机器应保持干燥，不许把喷雾器指向有人的操作区。

（2）每次开机器时，应在开机前检查机器各部件外表面是否清洁。在维护保养时，应先断开电源总开关。

（3）机器在常温下工作：一般情况下，应通过自然方式或人工方式提供足够的照明。

（4）机器四周应留有 1～1.5m 的空间。机器运转时应关好安全防护门，以防模具分型面的金属液飞溅出来伤及操作人员。

（5）根据润滑图要求，对各润滑点定时进行润滑，特别是合模机构和导轨面，每天上班工作前先润滑几次，并检查润滑油是否到位，然后才开机器。

（6）机器一开动后就应通水冷却，以防止压力油温升高（一般最低不超过 15℃，最高不超过 55℃）；下班后，水源应关闭，冬天更应注意这一点。机器的冷却器需用水冷却，必要时压模也需要通水冷却。

（7）下班后关闭电源。机器发生故障或报警讯号响起时，应关泵停机、切断电源，并对机器进行检修。

（8）机器在安装压铸模时，应使用“手动”方式进行调整。

（9）拆卸任何高压部件（如液位阀、管等）时，由于内部可能有残留压力，因此在松动螺钉时，不宜过快，应待残留压力卸完，才能将螺钉全部松开。特别是在拆卸与蓄能器有关的液压零件时，应先把卸荷阀打开，待蓄能器内部液压全部卸完时才可拆卸。

（10）若机器需长时间停歇时，应关泵停机。

（11）在操作过程中如发现有问题，应打开防护门，使工作循环立即停止，然后再检查原因，排除故障。

（12）电箱应经常防潮防热，确保电器组件运行正常。

（13）油泵吸油滤油器应经常清洗，以保证滤芯清洁。

（14）机器运动部件上各润滑表面应经常除尘，防止不必要的磨损。

（15）使用一段时间或大修后，则必须重测机器的头板、中板之间的不平行度。

（16）每次更换压力油时，应将油箱内的滤油器等仔细清理干净。

（17）千万不要在模具处于合模状态下开动调模马达，否则会损坏调模机构。

（18）活塞式蓄能器装有充气气阀，充气时接上充气连接管，其另一端与氮气瓶连接，打开氮气瓶的充气气阀开关即可向蓄能器充氮气；充气压力由压力表观察，达到所需压力时，关闭充气气阀，关闭氮气瓶开关，再松开充气用连接管。

（19）安全门开关应定期检查，如有松动接触不良，应及时修理或更换。

(20) 不能以不正确方式拆卸、搬动或更改保护装置和安全装置。

(21) 应划出安全操作区，挂放安全标志牌。开机前应检查冷却水是否打开，冷却水是否正常，机绞润滑、锤头润滑、脱模剂是否足够；锤头是否磨损需要更换；熔炉、模温机内温度是否达到要求；热油管接头有无泄漏；输料泵是否安装好；出料筒、料壶内氧化物是否已清除。

(22) 坩埚内衬材质应为含镍量极低和未生锈的钢材，每3个月定期对坩埚、泵阀、探针、压力表、密封系统进行检测，根据腐蚀情况进行维修焊补并做好记录；坩埚壁厚减薄50%后应作报废处理，防止坩埚穿底导致高温镁液泄漏的恶性事故发生。

(23) 进入熔炉中的镁锭及清渣工具必须是干燥、无油的且至少预热至150℃，严禁含有水分和氧化物的杂质进入熔炉中，否则将引起高温熔融的镁液爆炸。

第四章　镁粉生产的安全问题与应对措施

镁粉作为金属镁应用领域中的重要组成部分，被广泛应用于钢铁脱硫、球磨铸铁、稀有金属还原、有机化合物脱水及制取、粉末冶金压铸、防腐、军工等领域。金属镁具有较为活泼的化学特性，导致金属镁粉在生产过程中存在易燃、易爆的危险。

第一节　对金属镁（粉）理化特性的认识

金属镁粉在常温、干燥、静态条件下的理化性质是比较稳定安全的，但是如碰撞、摩擦、静电产生的火花等都极易使金属镁粉起火燃烧（自燃）。在高温条件下，空气中的氮气、氧气、二氧化碳都会和镁粉发生反应释放热量；而水在高温条件下也会与镁粉发生反应释放氢气，两者都会助燃火势。正是由于镁粉的这些特性，其在着火后会迅速蔓延且极不易扑灭火势。因此在生产金属镁粉的过程中存在的主要安全问题就是镁粉燃烧（自燃）引发的火灾，以及生产过程中对环境、设备和操作人员等的特殊要求。

第二节　镁粉生产的安全措施

镁粉生产的安全措施包括：

（1）规定操作人员必须穿戴非化纤类的工作服，严禁穿戴铁掌、铁钉鞋进入厂区。

（2）加强火源控制，严禁携带火种。

（3）禁止非生产机动车辆进入生产区域。

（4）实行负压生产，减少细粉外逸。

（5）加装磁性装置，避免铁质杂物进入生产区。

（6）将连续生产线分成相对独立的工段，减少各个工段的联系。

（7）生产金属镁粉的机械设备、电器设备、运输车辆，必须具有防火、防爆、防静电的功能。

（8）坚持巡回检查制度，实施公司、车间、班组三级巡查，及时发现生产过程中的不安全因素，责任到人，限期整改，排除安全生产隐患。

（9）加强现场管理，保持生产现场的清洁卫生，降低生产现场镁粉储量，定期冲洗车间，减少细小镁粉尘的残留。

（10）根据公司生产实际，制定切实可行的应急预案，成立安全生产领导机构，组建义务应急分队，并定期进行演练，实现快速反应，应急救援，真正做到有效应对突发事件，保护员工生命和公司财产安全。

（11）加强现场灭火设施管理，配置足量的灭火器材，提高扑救初期火灾的能力。

第十篇

中国镁工业经济运行情况

第一章 近10多年来中国镁工业经济运行情况良好

第一节 1997～2011年中国原镁产能、产量持续增长

2011年中国原镁产能是1998年产能的9.89倍，年平均增长率为17.79%，2011年中国原镁产量是1998年产量的9.37倍，年均增长率为17.33%。中国原镁产量自1999年以来，连续13年保持世界第一，见图10-1、图10-2。

2011年，镁冶炼企业年产量在1.0万吨以上的有21家，同比增加2家，产量合计40.73万吨，占全国总产量的61.66%；年产量在3.0万吨以上的有5家，其产量合计21.43万吨，占全国总产量的32.44%，镁冶炼向规模化方向发展放缓。

2011年中国原镁、镁合金、镁粉生产企业的前10名见表10-1～表10-3。

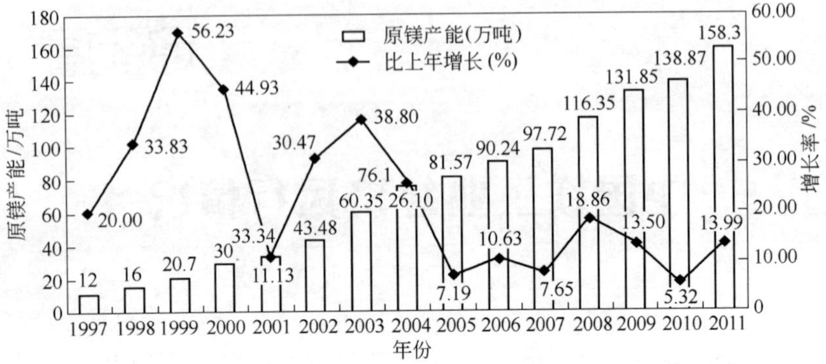

图 10-1 1997～2011 年原镁产能及其增长变化

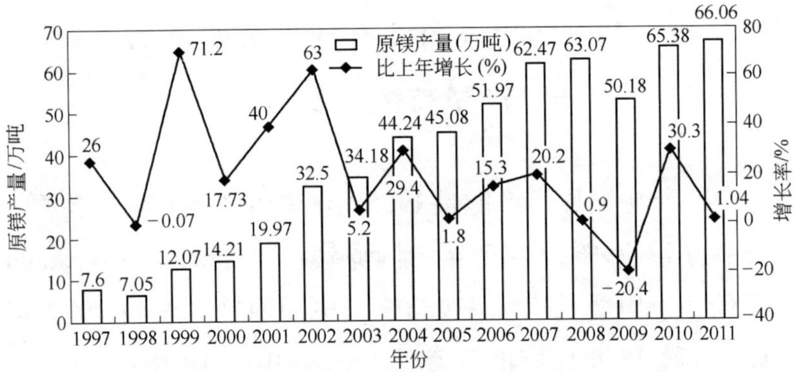

图 10-2 1997～2011 年原镁产量及其增长变化

表 10-1 2011 年原镁生产企业前 10 名

序　号	原镁生产企业	产量/t
1	山西银光华盛镁业股份有限公司	58376
2	宁夏惠冶镁业集团有限公司	49866
3	太原同翔金属镁有限公司	40000
4	太原易威镁业有限公司	34000

续表 10-1

序　号	原镁生产企业	产量/t
5	山西闻喜县瑞格镁业有限公司	32000
6	山西闻喜县八达镁业有限公司	28000
7	山西五台云海镁业有限公司	21000
8	山西美锦镁合金科技有限公司	18300
9	陕西神木东风镁业有限公司	18000
10	山西闻喜宏富镁业有限责任公司	15600

表 10-2　2011 年镁合金生产企业前 10 名

序　号	镁合金生产企业	产量/t
1	南京云海特种金属股份有限公司	80000
2	山西闻喜县瑞格镁业有限公司	25000
3	西安海镁特镁业有限公司	20000
4	太原同翔金属镁有限公司	18000
5	山西银光华盛镁业股份有限公司	17864
6	山西金水河金属材料有限公司	12000
7	山西唯镁工贸有限公司	12000
8	山西精美合金有限公司	7800
9	山西稷山东方有限公司	6688
10	鹤壁万德芙镁科技有限公司	5000

表 10-3　2011 年镁粉生产企业前 10 名

序　号	镁粉生产企业	产量/t
1	威尔斯（鹤壁）科技有限公司	25000
2	鹤壁格兰达镁业有限公司	20000
3	鹤壁市维多利亚金属有限公司	15000

续表 10-3

序 号	镁粉生产企业	产量/t
4	南阳福森镁粉有限公司	12000
5	鹤壁万德芙镁科技有限公司	10000
6	河南新乡县京华镁业有限公司	6200
7	南阳金戈利镁业有限公司	5500
8	天津柯威尔金属材料有限公司	5000
9	闻喜县新光镁粉加工厂	5000
10	山西闻喜宏富镁业有限责任公司	4600

第二节 1997～2011 年国内镁消费量不断增长

如表 10-4 所示，国内镁消费量不断增长。从 2007 年起，中国已连续 5 年成为世界第一镁消费大国。

表 10-4 1997～2011 年国内镁消费量 (t)

年份	1997 年	1998 年	1999 年	2000 年	2001 年	2002 年	2003 年	2004 年
消费量	21240	21500	23200	25500	34000	40100	51200	70500
年份	2005 年	2006 年	2007 年	2008 年	2009 年	2010 年	2011 年	
消费量	105500	156500	263000	158000	172000	232000	276800	

注：数据来源于中国有色金属工业协会镁业分会。

第三节 投融资以民营企业为主体

据国家统计局统计，2011 年全国镁冶炼 127 家企业中

（含部分初加工企业），国有控股2家，私人控股95家，集体控股10家，港澳台、外资控股15家，其他5家。投融资仍以私人控股企业为主体。2011年，镁冶炼行业施工项目93个，其中，本年度新开工项目49个，完成固定资产投资105.05亿元，与上年同期比增长84.72%。

第二章 近10多年来中国镁产品进出口贸易不断增长

第一节 1997～2011年间中国镁产品进出口量

1997～2011年间中国镁产品进出口量如表10-5所示。从1992年起，中国由镁进口国转为出口国；从1998年起，中国连续14年成为世界第一镁出口大国。2011年中国出口40.02万吨镁产品，比1998年增长3倍，占国内总产量的60%，占国外消费的72.76%；2011年，中国镁产品出口到76个国家和地区，其中，出口到荷兰9.83万吨，集中在鹿特丹港，是欧洲用镁的集散地。表10-6列出了三种主要产品出口到前10名的国家和地区，合计为29.03万吨，占中国出口总量的72.54%。

表10-5 1997～2011年中国镁产品进出口量 (t)

年份	1997年	1998年	1999年	2000年	2001年	2002年	2003年	2004年
进口量	437	469	541	493	754.1	1910	4809.1	6482.5
出口量	78116	99937	137000	165400	177300	208300	299200	383100

续表 10-5

年份	2005 年	2006 年	2007 年	2008 年	2009 年	2010 年	2011 年
进口量	4462.8	3338.2	3721.8	928.3	723.6	1016.1	1179.6
出口量	352800	349800	408000	396400	233500	383980	400200

注：数据来源于国家海关总署。

表 10-6 2011 年中国三种主要产品出口到前 10 名的国家和地区排序 (t)

序号	国家或地区	原镁(锭)	国家或地区	镁合金	国家或地区	镁粉(粒)
1	荷兰	47430	荷兰	39578	美国	22654
2	日本	26268	加拿大	8980	荷兰	10644
3	加拿大	15536	日本	8274	土耳其	9252
4	韩国	9895	英国	4875	加拿大	8560
5	印度	8902	韩国	4788	日本	5688
6	斯洛文尼亚	7359	德国	4324	斯洛伐克	4354
7	澳大利亚	6376	法国	4075	印度	3517
8	德国	6039	罗马尼亚	3420	德国	3362
9	法国	6024	墨西哥	3285	中国台湾	3110
10	比利时	5504	比利时	3075	英国	2795

注：数据来源于中国海关总署。

第二节 近 10 多年来金属镁价与铝价比较

1998～2011 年期间，金属镁价与铝价比较，均价起伏波动较大，如图 10-3 所示。从图 10-3 中可以看出，镁价近 10 年来年均价基本以 15000 元/t 为基准线上下波动，期间 1999 年、2005 年、2007 年和 2008 年出现大的波动。

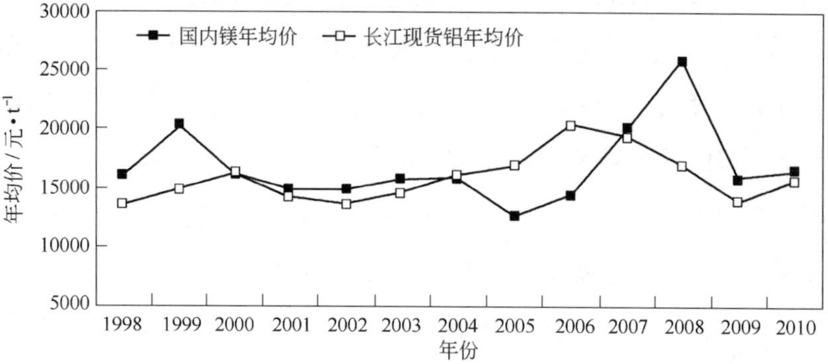

图 10-3　1998 ~ 2011 年镁与铝均价比较

2007 年镁价出现大幅波动主要是受国内外镁市场需求增多以及海关将于 2008 年对镁锭和镁合金征收 10% 出口关税的影响。从 2007 年下半年开始镁价出现连续攀升，到年底日均价涨幅达 1 万多元。2008 年上半年镁价继续呈现攀升走势，年中到达最高 37000 元/t 的历史高点。镁价的大幅上涨增加了下游行业的成本，影响和制约了下游加工，不少企业改用铝合金替代镁合金，从而抑制了镁消费。随后在全球金融危机影响下国内外市场需求锐减，镁价随之大幅下跌，至年底回到 17000 元/t 的价位，随后 2009 年和 2010 年镁市场整体表现都较为平稳。

第三节　近年来镁出口受人民币升值以及关税、出口退税的影响

从 2005 ~ 2011 年人民币对美元汇率中间价图表（图

10-4）可以看出，2005 年中国实行人民币汇率改革后，人民币兑美元呈持续升值走势。2010 年 6 月中国人民银行宣布二次汇改后，人民币对美元的汇率更是一路攀升，从 2010 年 6 月 19 日央行宣布进一步推进人民币汇率形成机制改革至当年末，人民币对美元的汇率中间价隔日最大波幅为 295 个基点，日均波幅 64 个基点，较此前均显著上升。2011 年以来，人民币继续稳步升值，从 1 月 4 日人民币兑美元中间价 6.6215 元起，目前人民币兑美元中间价已升至 6.3945 元。人民币升值对镁锭出口的影响，如图 10-5 所示。

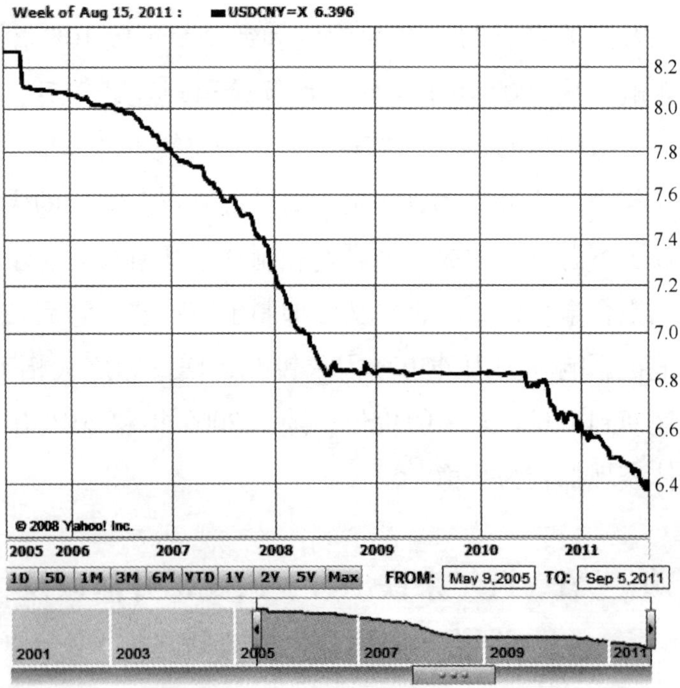

图 10-4　人民币对美元的汇率走势

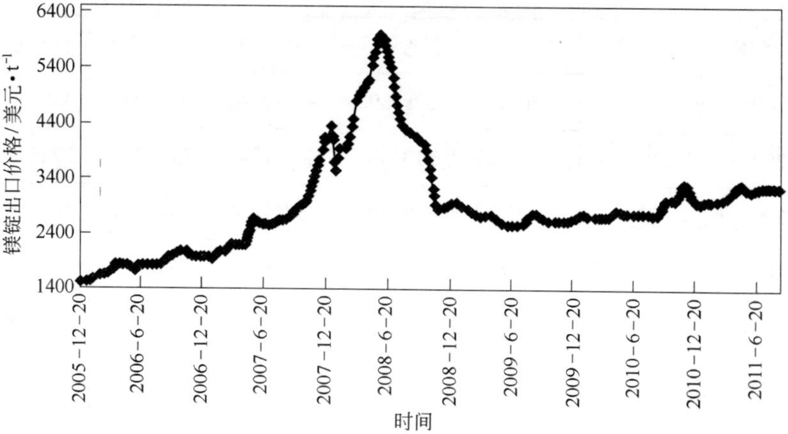

图10-5 中国2006～2011年出口镁产品受汇率波动的影响

从图10-5看出，2006～2011年镁锭出口价格（FOB）受汇率变动影响，人民币升值直接导致中国镁锭出口价格整体呈上涨走势。2007年下半年镁价出现大幅上涨，从7月份的2550美元/t，一路上涨至年底的4100美元/t左右，涨幅达60%。镁价此次波动主要是因为2007年6月及2008年1月对镁锭将加征10%的出口关税，导致国外客户提前抢购。受关税及出口退税影响，近10年出口量变化较大，如表10-7所示。

表10-7 10多年来中国出口产品出口量受出口关税及出口退税的影响

年份	镁 锭	镁合金	镁废碎料	镁 粉	锻轧镁	镁制品
1998年	73678208	11357733	804773	11227849	2642998	225524
1999年	91643348	17369755	1633502	24450539	1583251	339464

续表 10-7

年份	镁　锭	镁合金	镁废碎料	镁　粉	锻轧镁	镁制品
2000 年	94986308	18860134	3780892	42779640	4850904	380960
2001 年	92345861	25101203	5131503	44511044	5112093	377898
2002 年	115435411	42725073	3073798	43211116	3730974	1017528
2003 年	162585487	70684840	2387874	59986652	1748758	1508098
2004 年	228349586	80496599	3372369	69383248	704248	1432400
2005 年	181925046	92911121	3282327	71448432	1648471	1950067
2006 年	173211708	85655559	1869441	79811201	4632649	4623150
2007 年	207649994	106588620	1143955	79928969	5508770	7227806
2008 年	197058807	100814135	275063	85927120	5988531	6323166
2009 年	117429363	63619886	240000	40748089	2819633	8666485
2010 年	190230727	85851778	718538	85023514	7211101	14944430

从表 10-7 可以看出，近年来镁锭、镁合金和镁粉等的年出口量受出口关税变动的影响。镁废碎料对出口关税变化更为敏感，2006 年出口退税取消以及 2007 年开始加征 10% 的出口关税，导致其出口量大幅减少。

第四节　2008 年金融危机对中国镁生产、出口、消费的影响

2008 年发生金融危机，世界经济受到重创，有色金属行业快速滑坡，镁行业也不能独善其身。美国从 2007 年下

半年就已开始的次贷危机在2008年席卷了全球，并逐渐从金融危机波及实体经济，造成全球经济衰退。国外市场的镁应用行业如汽车、钢铁等都受到严重影响。汽车方面，从北美的汽车巨头通用、福特、克莱斯勒走向破产的边缘，到亚洲汽车业老大丰田汽车出现71年来的首次亏损，德国、英国等欧洲主要国家的汽车企业也纷纷陷入困境，销售量全面下滑，全球汽车行业正面临着前所未有的剧烈震荡。各种原材料需求下降，对镁的需求也大幅减少。

从2008年下半年到2009年，是中国镁行业经济运行状况最为困难的时期，原镁产量、出口量下降，销售收入、利润、利税总额大幅下降，全行业亏损，致使一些冶炼厂和加工厂减产、停产或转产。

一、镁锭价格直线下滑

2008年下半年在全球金融危机的影响下，国外需求出现大幅萎缩，国外采购商上半年提前购进的库存没有按照预想的消耗掉，形成了真正的库存，于是从中国的采购量急剧缩减。国内镁下游消费企业同样遭遇出口受阻的寒流，对原镁需求大幅减少，镁价在6月份触及历史高点后快速下跌。虽然国内镁生产企业从10月份开始陆续减产、停产，但需求回落的速度远快于供应的减少，在供大于求的局面下镁价出现直线下跌，11月份最低跌至16000元/t，比年中的高点下跌了56.8%，回到2007年2月份的水平，如图10-6所示。

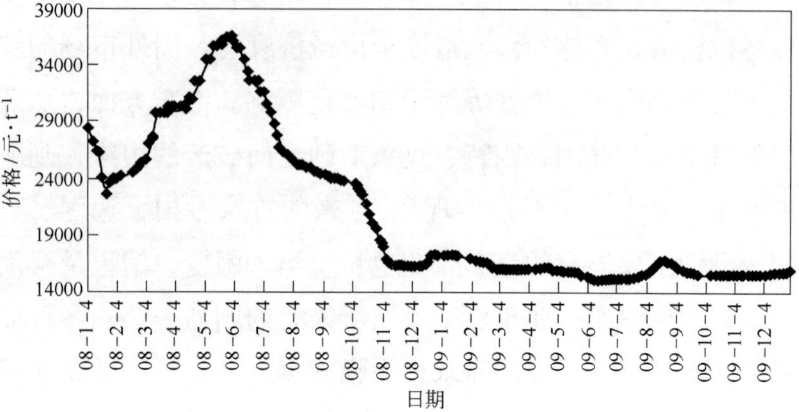

图 10-6 2008～2009 年国内镁锭价格趋势图

二、镁生产商减停产普遍，产量大幅下滑

2008 年上半年国内累计镁产量同比增长 18.0%。从 7 月份开始，国内产量开始回落，但仍高于 2007 年同期水平，从 9 月份开始有生产企业减产，产量出现负增长，随后减、停产企业不断增加，出现大中型企业大幅减产、小型企业停产现象，导致 10～12 月 3 个月都是 35% 左右的负增长。这是历年来从没有过的现象。

2009 年，金融危机对世界经济的影响继续深入，全球原镁需求量大幅下滑，使得中国原镁生产商被迫减产、停产。山西、陕西、宁夏等主产区的减停产企业依然在 90% 以上。

据中国有色金属工业协会统计，2009 年全国共产原镁 50.08 万吨，同比下降 20.60%，其中山西、陕西、宁夏各累计生产22.69万吨、14.66万吨和7.22万吨，增幅同比分别为-30.35%、70%和6.01%。

三、国内消费增长势头减缓

2008年1~5月份，镁价连续走高，从6月份开始下滑，12月降到14000元/t左右。价格因素抑制了消费。2008年国内消费15.80万吨，同比下降39.92%。2009年国内消费17.20万吨，同比增长8.86%，见表10-8。

表10-8 2007~2009年国内镁消费量 （万吨）

年份	冶金					加工	其他	合计	同比变化率/%
	铝合金添加	炼钢脱硫	球墨铸铁球化剂	金属还原	稀土镁合金	铸件、压铸件、型材			
2007年	6.50	3.00	1.30	4.00	1.00	9.20	1.30	26.30	68.05
2008年	4.50	1.00	0.40	2.50	0.20	6.85	0.35	15.80	-39.92
2009年	4.68	2.10	2.05	2.10	0.20	5.77	0.30	17.20	8.86

在金融危机之前，金属镁在国内消费增幅迅速，2005年、2006年、2007年国内消费增速分别达到49%、48%和68%。

四、金属镁出口大幅削减

据海关总署统计数据显示，2008年全年中国累计出口各类镁产品共39.6万吨，同比下降2.9%，如表10-5所示。其中，2008年上半年中国出口各类镁产品24.7万吨，同比增长32%，下半年共出口14.9万吨，同比下降33%。

2009年，由于国外经济形势严峻，对原镁的消费量急剧下降，全年出口量大幅削减。据海关总署统计数据显示，2009年中国累计出口各类镁产品共23.35万吨，同比下降41.09%。累计金额6.46亿美元，同比下降61.37%，其中镁锭、镁合金、镁粉分别累计出口11.74万吨、6.36万吨、4.07万吨，同比下降40.41%、36.89%、52.58%。

第五节 美国等反倾销对中国镁出口的影响

自1994年以后中国镁产量开始以两倍速度快速增长，同时带动出口量大幅增长。欧美国家为保护本国镁企业，纷纷对中国低价镁产品采取反倾销措施，对中国镁产品的出口带来一定影响。

如欧盟委员会在2000年10月18日裁定，对中国的镁及部分镁合金加倍征收63.4%的反倾销税，使得当年中国对欧盟的出口量由1999年的4.26万吨，下降为2.37万吨，2001年为2.35万吨。2002年3月27日，欧盟委员会正式发表公告，宣布自当日起终止对从中国进口纯镁的反倾销措施。当年中国对欧盟的出口量回升至3.96万吨，2003年增加至11万吨，2004年达到14.4万吨。当然这其中也有欧盟国家对镁需求大幅增加的因素。

近年来对中国镁产品征收反倾销税的主要是美国和巴西。目前美国贸易委员会对中国金属镁日落复审做出最终裁决，将反倾销税率调整为：天津镁业国际原镁税率为0.80%，镁合金税率0；太原重型机器进出口公司反倾销税率为69.53%；中国其他公司原镁税率为111.73%，镁合金税率141.49%。巴西则从2004年起一直对中国出口的镁锭和镁合金征收1.18美元/kg的反倾销税，目前对镁粉的反倾销税率是0.99美元/kg。

从中国镁产品出口统计数据可以看出，2004年中国出口到巴西的镁锭和镁合金达6000多吨，之后从2005年起出口量大幅下降，2010年仅为135t。

美国方面，因对中国镁企业实施差别反倾销税率，其中对天津镁业国际有限公司出口的镁锭和镁合金征收的反倾销税率近几年基本都为零。天津镁业国际有限公司是目前中国向美国出口镁产品的唯一企业，因此目前来看中国出口到美国的镁产品数量变化受美国反倾销税率的影响不大。

参 考 文 献

[1] 丁文江，等．镁合金科学与技术[M]．北京：科学出版社，2007.

[2] 陈振华，等．镁合金[M]．北京：化学工业出版社，2004.

[3] 陈振华．变形镁合金[M]．北京：化学工业出版社，2005.

[4] 许并社，李明照．镁冶炼与镁合金熔炼工艺[M]．北京：化学工业出版社，2006.

[5] 黎文献．镁及镁合金[M]．长沙：中南大学出版社，2005.

[6] 张津，章宗，等．镁合金及应用[M]．北京：化学工业出版社，2004.

[7] 徐日瑶．硅热法炼镁生产工艺学[M]．长沙：中南大学出版社，2003.

[8] 徐河，刘静安，谢水生．镁合金制备与加工技术[M]．北京：冶金工业出版社，2007.

[9] 张洪国．“十一五”期间重点项目“镁及镁合金关键技术开发与应用”完成，科技成为镁产业发展重要支撑．有色协会科技部，2011(内部资料).

[10] 潘复生，刘庆．国家（973)“高性能镁合金加工与制备中的关键基础问题”项目研究的重要进展．重庆大学，2012.

[11] 曾小勤．稀土镁合金及功能材料研究与应用进展．上海交通大学，2012.

[12] 彭立明．上海交通大学镁合金研究进展．上海交通大学，2011.

[13] 张治民．镁合金塑性成形技术及应用．中北大学，2011.

[14] 陈荣石，韩恩厚．金属所在新型高性能镁合金研制方面的技术进步．中国科学院金属研究所，2011.

[15] 崔建忠．镁合金电磁连铸新技术．东北大学，2011.

[16] 孟健，唐定骧，鲁化一．稀土镁合金的研发与进展．长春应化所，2011.

[17] 刘正．镁合金在汽车上的应用．沈阳工业大学，2011.

[18] 曹建勇．镁合金在汽车工业中的应用．重庆博奥镁铝金属有限公司，2011.

[19] 刘黎明．镁合金连接（焊接）技术的创新发展．大连理工大学，2011.

[20] 许月旺．银光镁业新进展．山西银光华盛镁业股份公司，2011.

［21］卫中领，黄元伟．镁和镁合金腐蚀与防护．中科院微系统所轻合金与防护技术中心，2011.
［22］单大勇．金属所在镁合金腐蚀防护方面的新进展．中科院金属研究所，2011.
［23］龙思远．重庆硕龙镁合金熔铸循环经济技术装备简介．重庆硕龙公司，2011.
［24］关绍康，朱世杰，等．生物医用镁合金及器件．郑州大学，2012.
［25］李远发，单巍巍．镁合金铸锻双控成型及其应用．嘉瑞集团创金美（深圳）有限公司，2011.
［26］姜永正．稀土镁合金在嘉瑞集团 3C 产品中的应用新进展．嘉瑞国际控股有限公司，2011.
［27］姜永正．嘉瑞集团在镁深加工产品应用的新进展．嘉瑞集团，2011.
［28］刘金平，等．镁合金压铸废料绿色回收过程质量控制及应用．深圳嘉瑞集团，2011.
［29］王洪福．走低碳循环经济之路，推进节能减排综合利用．宁夏惠冶镁业集团有限公司，2011.
［30］山西闻喜银光镁业（集团）有限责任公司，等．变形镁合金板材加工技术研究，2011.
［31］山东银光化工集团有限公司．高精度大截面镁合金管型材快速挤压技术与大型镁合金电机壳体的应用，2011.
［32］徐年生．中国压铸装备产业成长轨迹及动因分析．力劲科技集团，2011.
［33］史晓梅，刘冬博．近 10 多年来镁的资本运营分析．安泰科镁部，2011.
［34］韩薇，孟树昆．镁冶炼有色金属进展(1996 ~ 2005)．第三卷：轻金属［M］．长沙：中南大学出版社，2007.
［35］韩薇，孟树昆．镁冶炼科技发展报告，中国有色金属工业协会，有色金属学会，2011.
［36］孟树昆，韩薇．镁冶炼行业节能减排技术应用新进展［C］．节能环保型蓄热式炼镁炉窑技改创新项目推介会文集，西安，2009.

[37] 徐晋湘．继往开来科学务实创建镁应用强国[C]．镁业分会14届年会论文集，重庆，2011.

[38] 徐晋湘．加快转变镁产业发展方式，实现体制创新建设完整镁产业链[C]．镁业分会13届年会论文集，宁夏，2010.

[39] 吴秀铭．“十二五”镁行业发展战略——创新[C]．镁业分会14届年会论文集，重庆，2011.

[40] 吴秀铭．2011我国镁行业新态势[C]．镁业分会14届年会论文集，重庆，2011.

[41] 吴秀铭．我国镁产业的新态势与合作创新共赢发展[C]．镁业分会13届年会论文集，宁夏，2010.

[42] 孟树昆，董春明．中国镁工业——面向世界可持续发展的优势产业[C]．日本国际镁研讨会论文集，日本东京，1999.

[43] 孟树昆．对我国镁工业“十五”科技发展战略的思考[J]．中国镁业，2001，(2).

[44] 孟树昆．稳定产品质量，扩大国内需求[N]．中国有色金属报，2003.06.17.

[45] 孟树昆，徐河．提高中国镁工业水平的进展[C]．IMA60届世界镁业大会年会论文集，德国斯图加特，2003.

[46] 孟树昆，吴秀铭．推动发展中国镁应用市场[C]．IMA61届世界镁业大会年会论文集，美国新奥尔良市，2004.

[47] 孟树昆，徐河，吴秀铭，等．提升中国皮江法炼镁水平，发展循环经济[C]．IMA62届世界镁业大会年会论文集，德国柏林，2005.

[48] 孟树昆，吴秀铭，韩薇，等．2005年中国镁工业发展报告[C]．IMA63届世界镁大会年会论文集，北京，2006.

[49] 孟树昆，吴秀铭．2006年中国镁工业发展报告[C]．IMA64届世界镁年会论文集，加拿大温哥华，2007.

[50] 孟树昆，吴秀铭，徐晋湘．2007中国镁工业发展报告[C]．IMA65届世界镁年会论文集，波兰华沙，2008.

[51] 孟树昆，徐晋湘．2008年中国镁工业发展报告[C]. IMA66届世界镁年会论文集，美国旧金山，2009.

[52] 孟树昆，吴秀铭，徐晋湘．2009年中国镁工业发展报告[C]. IMA67届世界镁年会论文集，中国香港，2010.

[53] 孟树昆，吴秀铭，徐晋湘．2010年中国镁工业发展报告[C]. IMA68届世界镁年会论文集，捷克布拉格，2011.

[54] 孟树昆，徐晋湘．2011年中国镁工业发展报告[C]. IMA69届世界镁年会论文集，美国旧金山，2012.

[55] 孟树昆．中国镁工业五十年发展评述[J]. 中国金属通报，2007，(50).

[56] 孟树昆．改革开放30年，中国镁工业的发展[C]. 中国有色金属工业改革开放30年（1978~2008).

[57] 孟树昆．调结构前景“镁”好[J]. 中国金属通报，2011，(1).

[58] 孟树昆．镁研发路径[J]. 中国金属通报，2011，(44).

[59] 孟树昆，章红宇．新中国有色金属工业60年（行业篇）:新中国60年镁工业的发展[M]. 长沙：中南大学出版社，2009.

[60] 孟树昆．中国镁工业发展战略规划与对策研究（2008~2020）国家发改委课题．有色协会，2006~2008.

[61] 孟树昆．调结构是转变镁工业发展方式的重要内容[C]. 镁业分会13届年会论文集，宁夏，2010.

[62] 孟树昆．关于促进我国镁应用快速发展的几个问题[C]. 镁业分会14届年会论文集，重庆，2011.

[63] 孟树昆．中国镁冶炼碳减排[C]. 镁业分会15届年会论文集，陕西榆林市，2012.

附 录

产业政策、发展规划与法规

附录一 镁冶炼（综合利用除外）列为限制类目录

经国务院批准，原国家经贸委发布第 14 号令，决定自 1999 年 9 月 10 日起施行《工商投资领域制止重复建设目录（第一批）》。目录中提出："制止新建镁冶炼项目"。

2010 年版的《目录》中，镁冶炼项目仍列为限制类。

2011 年版的《产业结构调整指导目录》中，镁冶炼项目（综合利用除外）继续列入限制类。

附录二 高品质镁合金铸造及板、管、型材加工技术开发项目列入鼓励类项目

在2005年版的《目录》中，高品质镁合金铸造及板、管、型材、加工技术开发项目列入鼓励类发展项目，有利于镁产业结构调整，有利于由原镁生产向高附加值产品转变。

附录三 国家科技部“十五”科技攻关计划与“十一五”科技支撑计划

2001年，国家科技部把“镁合金开发应用及产业化”项目列为“十五”国家科技攻关计划重大专项。经“十五”期间的努力，在国内建设了一批产业化示范基地，极大地推动和发展了中国镁产品的应用，拉动了镁合金产量的上升，使镁合金加工材和制品产量增多，出口也有明显上升。

之后，镁合金的研发与应用研究列入“863”、“973”、国家自然科学基金项目，《镁及镁合金关键技术开发与应用》列为国家“十一五”科技支撑计划重点项目。10年来，中国原镁冶炼技术不断提升；镁深加工技术不断创新；镁在各领域的应用不断扩大，科技攻关引领了镁业健康发展。

附录四 国家工业和信息化部制订《“十二五”产业技术创新规划》(简称规划)

在《规划》中，有色金属工业重点开发铝、镁冶炼重大节能技术，先进铝、镁合金材料制备技术，有色金属资源循环与再生金属回收利用技术均列为重点领域技术发展方向。

在“新材料产业”中，确定重点开发新型轻合金材料等高端金属结构材料制备技术，其他功能合金等特种金属功能材料制备技术。

《规划》中强调，着力促进科技成果转化。加快高新技术成果转化。积极推动重大专项科技成果产业化，发挥产业技术创新引领作用，支撑重点产业向高端化发展。推动信息、新材料、新能源、先进制造等高新技术领域研究成果的产业化，提高产业核心竞争力。加强节能减排及资源综合利用技术推广应用。推广先进制造技术和清洁生产方式，加强环保和资源综合利用技术的推广应用，提高材料利用率和生产效率，降低重点产业领域资源、能源消耗和污染物排放。在有色金属等原材料制造领域，推广各类先进环保技术，实现节能、减排、降耗。

在《规划》中还强调提出，构建技术创新服务体系，推进重点领域技术创新战略联盟建设，建立健全产业协同创新的新机制，推动产业关键和共性技术研究。依托龙头企业，建立“产、学、研、用”相结合的开放技术平台，统一产业技术标准，协同研发新技术、新产品，共享技术成果，促进产业整体技术水平的提升。

附录五 新材料产业“十二五”发展规划（简称规划）

新材料是材料工业发展的先导，是重要的战略性新兴产业。“十二五”期间，国家要加快培育和发展新材料产业，这对引领材料工业升级转型，支撑战略性新兴产业发展以及构建国际竞争新优势具有重要的战略意义。

《规划》在新材料产业的发展重点中明确提出，在高端金属结构材料中，新型轻合金材料要以轻质、高强、大规格、耐高温、耐腐蚀、耐疲劳为发展方向，发展高性能铝合金、镁合金和钛合金，重点满足大飞机、高速铁路等交通运输装备的需要；加快镁合金制备及深加工技术开发，开展镁合金在汽车零部件、轨道列车等领域的应用示范。在新型轻合金材料技术中，强调高性能铸造镁合金及高强韧变形镁合金制备、低成本镁合金大型型材和宽幅板材加工、腐蚀控制及防护技术。在金属基复合材料中，强调了发展纤维增强铝基、钛基、镁基复合材料和金属层状复合材料，进一步实现材料轻量化、智能化、高性能化和多功能化。

在《规划》中的前沿材料中，提到生物材料，强调要加强生物医用材料研究，提高材料生物相容性和化学稳定性，大力发展高性能、低成本生物医用高端材料和产品，推动医疗器械基础材料升级换代。

附录六　有色金属工业“十二五”发展规划（简称规划）

在《规划》中明确提出了镁的节能减排目标为：4t 标煤/吨镁；在大力发展精深加工产品中提出，大力发展铝、镁、钛等高强轻合金材料。

《规划》提出，镁以开发生产汽车、高速列车及轨道交通车辆、电子信息、国防科技工业、电动工具等领域应用的大截面型材、板材、大型压铸件为重点，采用产、学、研、用相结合，通过增强创新能力及示范工程建设，加快高性能、低成本镁合金及深加工技术和产品开发，实现重大关键共性技术突破，建立以镁合金铸件、型材、锻件、板材为主体，终端产品相配套的完整产业化体系。

附录七 国家工业和信息化部发布《镁行业准入条件》

1. 准入条件的主要内容

2011 年，国家工业和信息化部发布第 7 号公告指出，为加快产业结构调整，加强环境保护，综合利用资源，规范镁行业投资行为，制止盲目投资和低水平重复建设，促进镁工业健康发展，依据国家有关法律法规和产业政策，特制定《镁行业准入条件》，现予以公告。

《公告》要求，各有关部门和省、自治区、直辖市在对镁建设项目进行投资核准（备案）管理、国土资源管理、环境影响评价、信贷融资、安全监管等工作中要以行业准入条件为依据。

《镁行业准入条件》共分 10 个部分：（1）企业布局及规模；（2）工艺装备；（3）产品质量；（4）资源、能源消耗；（5）资源、能源综合利用；（6）环境保护；（7）安全生产与职业危害防护；（8）劳动保险；（9）监督管理；（10）附则。

2. 国家工业和信息化部制定《镁冶炼企业准入公告管理暂行办法》

2011 年 3 月 10 日，国家工业和信息化部以工信部原［2011］40 号文，下发了《关于印发镁冶炼企业准入公告管理暂行办法的通知》。其主要内容：第一章总则、第二章申请与核实、第三章复核与公告、第四章监督管理、第五章附则。

附录八 64种有色金属元素

64种有色金属包括：铝、镁、钾、钠、钙、锶、钡、铜、铅、锌、锡、钴、镍、锑、汞、镉、铋、金、银、铂、钌、铑、钯、锇、铱、铍、锂、铷、铯、钛、锆、铪、钒、铌、钽、钨、钼、镓、铟、铊、锗、铼、镧、铈、镨、钕、钐、铕、钆、铽、镝、钬、铒、铥、镱、镥、钇、钪、硅、硼、硒、碲、砷、钍。

有色金属又分为轻金属、重金属、稀有金属、贵金属和其他有色金属。

（1）轻金属：7种，铝、镁、钾、钠、钙、锶、钡（其中钾、钠、钙、锶、钡5种一般为化工系统的产品）。

（2）重金属：10种，铜、铅、锌、镍、钴、锡、锑、铋、镉、汞。

（3）稀有金属：35种，又细分为四类：

1）稀有轻金属4种（在稀有金属中密度最小）：锂、铍、铷、铯。

2）稀有难熔金属8种（在金属中熔点较高）：钨、钼、钽、铌、钛、锆、铪、钒。

3）稀散金属7种（矿体生成极为分散、且多为与其他矿物共生、非经准确的全分析不易发现）：镓、铟、铊、锗、硒、碲、铼（有的分法，将铼分为难熔金属）。

4）稀土金属16种（其氧化物似土，故名）：镧、铈、镨、钕、钐、铕、钆、铽、镝、钬、铒、铥、镱、镥、钇、钪。

（4）贵金属：8种，金、银、钌、铑、钯、锇、铱、铂。

（5）其他有色金属：4种，硅、砷、硼、钍。

附录九 元素周期表

周期	$\mathrm{I_A}$	$\mathrm{II_A}$	$\mathrm{III_B}$	$\mathrm{IV_B}$	$\mathrm{V_B}$	$\mathrm{VI_B}$	$\mathrm{VII_B}$	Ⅷ			$\mathrm{I_B}$	$\mathrm{II_B}$	$\mathrm{III_A}$	$\mathrm{IV_A}$	$\mathrm{V_A}$	$\mathrm{VI_A}$	$\mathrm{VII_A}$	
1	1 H 氢 1.0079																	2 He 氦 4.0026
2	3 Li 锂 6.941	4 Be 铍 9.0122											5 B 硼 10.811	6 C 碳 12.011	7 N 氮 14.007	8 O 氧 15.999	9 F 氟 18.998	10 Ne 氖 20.17
3	11 Na 钠 22.9898	12 Mg 镁 24.305											13 Al 铝 26.982	14 Si 硅 28.085	15 P 磷 30.974	16 S 硫 32.06	17 Cl 氯 35.453	18 Ar 氩 39.94
4	19 K 钾 39.098	20 Ca 钙 40.08	21 Sc 钪 44.956	22 Ti 钛 47.9	23 V 钒 50.9415	24 Cr 铬 51.996	25 Mn 锰 54.938	26 Fe 铁 55.84	27 Co 钴 58.9332	28 Ni 镍 58.69	29 Cu 铜 63.54	30 Zn 锌 65.38	31 Ga 镓 69.72	32 Ge 锗 72.59	33 As 砷 74.9216	34 Se 硒 78.9	35 Br 溴 79.904	36 Kr 氪 83.8
5	37 Rb 铷 85.467	38 Sr 锶 87.62	39 Y 钇 88.906	40 Zr 锆 91.22	41 Nb 铌 92.9064	42 Mo 钼 95.94	43 Tc 锝 97.99	44 Ru 钌 101.07	45 Rh 铑 102.906	46 Pd 钯 106.42	47 Ag 银 107.868	48 Cd 镉 112.41	49 In 铟 114.82	50 Sn 锡 118.7	51 Sb 锑 121.7	52 Te 碲 127.6	53 I 碘 126.905	54 Xe 氙 131.3
6	55 Cs 铯 132.905	56 Ba 钡 137.33	57−71 La-Lu 镧系	72 Hf 铪 178.49	73 Ta 钽 180.947	74 W 钨 183.8	75 Re 铼 186.207	76 Os 锇 190.2	77 Ir 铱 192.2	78 Pt 铂 195.08	79 Au 金 196.967	80 Hg 汞 200.5	81 Tl 铊 204.3	82 Pb 铅 207.2	83 Bi 铋 208.98	84 Po 钋 (209)	85 At 砹 (210)	86 Rn 氡 (222)
7	87 Fr 钫 (223)	88 Ra 镭 (226.03)	89−103 Ac-Lr 锕系	104 Rf 𬬻 (261)	105 Db 𬭊 (262)	106 Sg 𬭳 (263)	107 Bh 𬭛 (264)	108 Hs 𬭶 (265)	109 Mt 鿏 (268)	110 Ds 𫟼 (269)	111 Rg 𬬭 (272)	112 Cn 鿔 (277)						

镧系	57 La 镧 138.905	58 Ce 铈 140.12	59 Pr 镨 140.91	60 Nd 钕 144.2	61 Pm 钷 (147)	62 Sm 钐 150.4	63 Eu 铕 151.96	64 Gd 钆 157.25	65 Tb 铽 158.93	66 Dy 镝 162.5	67 Ho 钬 164.93	68 Er 铒 167.2	69 Tm 铥 168.934	70 Yb 镱 173.0	71 Lu 镥 174.96
锕系	89 Ac 锕 (227)	90 Th 钍 232.0381	91 Pa 镤 231.03588	92 U 铀 238.02891	93 Np 镎 (237)	94 Pu 钚 (239.244)	95 Am 镅 (243)	96 Cm 锔 (247)	97 Bk 锫 (247)	98 Cf 锎 (251)	99 Es 锿 (252)	100 Fm 镄 (257)	101 Md 钔 (258)	102 No 锘 (259)	103 Lr 铹 (260)